不合理だらけの日本スポーツ界

河田 剛

ディスカヴァー携書
201

はじめに

地球の裏側の違う競技

1995年のある春の日である。私は、千葉港の近くのリクルートが所有する、あるグラウンドの上に立っていた。その絵の具で塗ったような緑の芝は、下にあるであろう土の存在を否定するかのように、濃密に敷き詰められていた。

リクルートの関連会社に就職後、仕事にも慣れ始め、時間のコントロールをできるようになりつつあった私は、その緑のフィールドに誘われるかのように、社会人アメリカンフットボールの強豪「リクルートシーガルズ（現、オービックシーガルズ）」の門を叩いていた。

大学入学と同時に始めたアメリカンフットボールは、いつしか、私のライフワークの一つへと成長を遂げていたので、今考えれば、その行動は必然であったのかもしれない。

今まで見たこともないぐらい強烈な緑を醸し出すその芝生、外国人コーチがフィールドを縦横無尽に駆け回り勝利への近道が細かく描かれた「攻略本」をていねいに手渡しして回る光景、サポートスタッフが織り成す何一つむだのない練習のオペレーション。これは、私にとって、「地球の裏側からきた、別のスポーツ」に出会った瞬間だった。

しかし、後に私は、再び同じアメリカンフットボールでありながら、まったく別のスポーツと出会うことになる。

思い返してみれば、私は、幾度となく違うアメリカンフットボールに出会っている。まずは、高校生のとき、テレビで見たアメリカンフットボール。レギュラーシーズンからスーパーボウルまでを、なんとなく「カッコイイ!」と思いながら見ていた。

そして、大学生になり、アメリカンフットボール部に入部する。本当に楽しい4年間だった。しかし、勝てなかった。週末だけ現れて、自由奔放な発言をしていくOBたちの指導に従ったり従わなかったり。それはまさに試行錯誤・暗中模索の4年間であった。私の尊敬する先輩の座右の銘から拝借して、「努力は正しい方向にすべきである」とするなら、我々は、その方向すらわからず、視界ゼロメートルの暗闇を「厳しく長い練習とそれに耐えた自己満足」という、世界で一番燃費の悪い燃料を入れた鈍行列車に乗って、走り続けていた。決して、むだとは言いたくないが、大学の4年間のアメリカンフットボールは、今思えば、実に幼稚なものであった。

そこで出会ったのが、前述の社会人アメリカンフットボールである。競技の本場であるアメリカからきたプロのコーチがいて、彼らが、練習メニューの作成と遂行、技術指導、作戦立案とゲーム時の実行と、あらゆる手段で我々を勝利へと導いてくれる。これは、視覚でとらえることのできる限界ほどの小さな光に向け、大海原をただ一心不乱に漕いでいた大学時代の部活とは、正反対のものであった。

渡米後に経験した、カレッジフットボール。ここで、さらに別のスポーツとしてのアメリカンフットボールを経験することになる。チャーターフライトでの遠征、試合会場へのポリス・エスコート、最高10億円に達するヘッドコーチの年俸、練習時間の制限、勉強せざるを得ない環境、NCAAのマネジメント……。挙げたら一晩かかりそうなぐらい、驚きの連続だった。日本で経験してきたアメリカンフットボールとは、まったく異なる競技であると同時に、スポーツそのものに対する価値観の違いを思い知らされた。

そして、インターンコーチとして参加したNFL。アメリカで最も人気のあるプロスポーツの座を30年以上にもわたり守り続けているプロアメリカンフットボールリーグである。あえて表したい。「プロ中のプロ」だと。指導するコーチはもちろんのこと、スカウトをはじめとする優秀なフロント陣、多くの歯車を寸分狂わせることなく噛み合わせるオペレーションは、神業の領域である。プレイヤーの質もそうだ。今までには見たことのないトップオブトップのアスリートたちが、練習という場を借りて「華麗に舞う」姿は、芸術と言っても過言ではない美しいものだった。

日本での社会人フットボール体験までは、ある意味自然な流れと言えるのかもしれない。しかし、渡米後のコーチ経験では、腰が抜けるような衝撃を受けた。さらに同じか、それ以上の衝撃を受けてしばし立ち上がれなくなったのが、ＮＦＬである。

そして、これら新たなアメリカンフットボールとの衝撃的な出会いは、アメリカに、確固たる、そして、成熟した、スポーツ文化があるからこそのものなのである。

世界の舞台において、日本のほうが、はるかに競技成績が優れているスポーツも多く存在することを考えると、一事が万事とは言い切れない。しかし、私の経験上、日本のスポーツをアメリカのスポーツと比較した際に、日本のスポーツには、本当にむだが多いと表現せざるを得ない。

私のアメリカでのコーチ生活は、望む望まないは別として、私にいろいろな衝撃を与えてくれた。自分の目で、日本とアメリカの野球の違いを感じ取ることもあった。なにより、アメリカンフットボールのそれは、私がライフワークとして、仕事として、生活の一部として体感してきたものである。

私は何も、自分がすごい男だとか、自分のしてきた経験が他人に勝るなどと思っているわけではない。そういうSSP（＝Shameless Self Promotion）は、アメリカ人に任せておけばいい。が、しかし、これだけは言える、

「私は日米のスポーツの違いを、自信を持って論じ、日本のスポーツ界に、その改善策を提案するに値する人間である」と。

東京オリンピックを数年後に控えた今、約10年のアメリカでのコーチ経験、特に、学生スポーツに関わってきた自負という追い風が、私のどこかにある羞恥心という壁を突き破り、私の背中を押すのである。「日本のスポーツを、なんとかしなければ！」という強いメッセージとともに。

アメリカで受けた衝撃《ショック》

話を、少し前に戻そう。日本で、アメリカンフットボールの選手として13年、コーチとして3年すごした私は、2007年、チームに入れてもらえる確証もないままサラリーマン生活とおさらばして渡米し、名門スタンフォード大学のアメリカンフットボールチームのオフィスのドアを叩いた。

最初の数週間は、私が何者であるかを示すために、一生のうちで一番働いた。今考えれば、それは自分のキャパシティーを超える働きだったので、「自分の能力を正確に示す」ことにはならなかったはずである。が、しかし、「こいつは、まじめに働く。少なくともアメリカンフットボールを理解している」と思わせるには、十分だったのだろう。採用通知や契約書へのサインなどはなかったが、ボランティア・スタッフとしてチームに帯同することとなった。

チームに帯同を許されて1シーズン。スタジアムやトレーニングルームなどのファシリティー、チャーター機での遠征や奨学金などの選手の待遇、シーズン中、特にゲームデイ(試合の日)に感じ見て取れるファンの熱狂ぶり、どの経験をピックアップしても、新しいスポーツに出会ったような、こんな表現をしたくはないのだが、日本での16年間のアメリカンフットボール人生を否定されるようなことばかりだった。

しかし、その1年で最も驚いた、正しいニュアンスで伝えるとするなら「ショック」だったことは、ヘッドコーチの年俸が数億円だったことでも、試合前日に高級ホテルに泊まることでも、地元のお金持ちや卒業生が一度に数十億円を寄付することでもない。10万人もの観客を虜にする大学生アスリートたちが、「ふつうに勉強している」ことだ。ただ勉強していることにショックを受けたのではない。ある一定の成績を取らなければ、自分のライフワークとも言えるスポーツの練習や試合に参加することが許されない。つまり、勉強せざるを得ないシステムが存在することこそ、本当の衝撃だった。

ここで、あえて「ふつうに勉強」と表現したのは、日本の大学生、特に部活をしている学生が「ふつうに勉強」などしていないからである。無論のこと、私が実際に部活に明け暮れる大学生活をしていたのは、肩から掛けて持ち運ぶくらい重い携帯電話をテレビでしか見かけたことがないぐらい過去のことであり、私は現在の実態を正確に把握しているわけではない。
しかし、野球とサッカーという、日本を代表する二つのプロスポーツリーグのセカンドキャリア施策が上手く機能していないさま、そのうち一つに至っては、リーグがその努力をしている様子さえうかがえないさまを見れば、「スポーツをしている学生は、勉強しなくてもいい」、つまり、競技が優先でセカンドキャリアにつながる勉強は二の次、三の次であるという風潮が、二十数年前のそれとなんら変化を見せていないことは、推して知るべしであろう。

忘れることのできないできごと

人には、「忘れることのできないできごと」、英語で表現するならば"Life Changer"と言えるできごとがあるものだ。私にとってのそれは、2008年の夏、北京オリンピックの数日後のできごとだった。それは、今でも脳裏に色濃く焼き付いている。

BOB：今日は、忙しいところ、集まってくれてありがとう。いろいろと問題が散見しているから、全体ミーティングを行い、細かく話をしていきたい。が、まずは、良いニュースから。先日閉幕した北京オリンピックで、我がキャンパスから出たメダル数が、最終的に25個になりました！　先日メールで途中経過を報告しましたが、最終的に、倍に増えたのです!!

（一同・スタンディングオベーション）

BOB：この25個という数字は、ある国が獲得したメダル数と同じなんだ。TK、どこだかわかるかい？

TK：どこか、西のほうの小さな島国です

BOB：そうだ！　日本だ。ソニーや任天堂、世界に名だたる会社、そして経済規模を誇る国の獲得メダル数と同じなんだよ。一つのキャンパスから、25個のメダルを出せる。このアスレチック・デパートメントで働いているすべての人を、その組織の長として、私は誇りに思う

TK：……

BOB：TKの名誉のために言っておくと、このメダル数は、卒業生はもちろん、留学生も含むものだ。つまり、米国籍でないアスリートの成果もカウントされている

TK：………

2008年の8月末、スタンフォード大学全体の競技力強化支援組織であるアスレチック・デパートメントで緊急招集されたミーティングでの一幕である。アスレチック・ディレクターのボブ（BOB）はこのデパートメントの責任者、TKは、"Tsuyoshi Kawata"つまり、私である。

この頃、スタンフォードのアスレチック・デパートメントは景気の悪い話に溢れていて、特にこの時期はレイオフやコストカットの話ばかりだった。BOBは、この悪い空気を中和するための軽い話題としてミーティングの冒頭にこの話を持ってきたのだろうが、この話こそが、私の人生を左右するほどのできごとになったのである。

2007年の夏に働き始めてからの1年でスタンフォード大学の学生アスリートたちが、どのように勉強とスポーツを両立しているか、どれだけ勉強することを強いられているかを見てきた。言わずもがなだが、それと比較して、日本のアスリート、特にオリンピックレベルのアスリートが、どれだけ競技に集中できる環境にあるか、すなわち、勉強などする必要がないことを理解していた。もちろん、どちらの国のケースも、全員がそうでないこと、つまり、極論であることは、承知のうえだ。が、しかし、言葉を選ばず言うならこうだ。

アメリカ：将来を見据えたうえで、勉強などいろいろなことに取り組んでいるアスリートがとった25個のオリンピックメダル
日　本：将来を深く考えず、競技だけに集中してきた、また、そうすることが許される、または、そう仕向けられているアスリートがとった25個のオリンピックメダル

この二つには、私の辞書に存在する、長さや大きさを表現する言葉では、とうてい表現しきれないほどの「大きな差」が存在する。

さらに、BOBは「TKの名誉のために」とフォローの言葉を入れたが、これは私にとって、恥の上塗りでしかなかった。なぜなら、スタンフォードから出た25個のメダルには、外国籍の選手が含まれている。彼らは、異国の地にきて、私が驚かされた環境のなかで数年間をすごし、それぞれの国の代表として、オリンピックメダルを獲得したわけである。

外国籍の選手が他国に学び、学生としてもアスリートとしても成長を遂げ、結果的に成

功を収める。これはつまり、アメリカに洗練されたシステムがあることを意味する。

もちろん、ただ単純に、アメリカが世界の共通言語である英語圏であるから、留学先として選ばれただけなのかもしれない。しかしながら、アメリカの若者が日本の大学に留学して、そこに籍を置きながらにして、オリンピックでメダルを獲得したストーリーを聞いたことがない事実を鑑みると、日本において、世界中のスポーツや文化に関する知識や情報量が少ないこと、スポーツの先進国に劣っていることが、容易に想像できる。

彼に、日本のシステムの未熟さを指摘する意図がなかったことは明白であるが、彼が語った「学校としての名誉」は、私にとっては「一国の恥」だったのである。


アメリカは、2008年の北京オリンピックで110個ものメダルを獲得した。日本とは大きく異なる移民政策により、アメリカ以外の国で生まれ育ったアスリートがいることもももちろん考えられる。

しかし、国土の差、人口の差、移民政策の差など日本とアメリカの差の多くを鑑みたとしても、日本がアメリカと比べ、スポーツ分野で大きく遅れを取っていることは、紛れもない事実である。そして、その動かざる事実は、単純明快に「日本のスポーツをどうにかしなければいけない!!」と、私に語りかけてくるのであった。

Good in, good out

私がまだ現役の選手だった頃、アメリカ人のコーチが自分のフィロソフィーとして語っていた言葉を思い出す。

“Good in, good out”

「自分が得た良いことは、他人と共有しよう」という意味である。私が指導者を志したのも、この言葉に出会ったからなのかもしれない。私はこの「日本」という美しい国が大好きである。この本の執筆を開始した2017年7月、つかの間のオフを日本ですごしているが、コンビニ店員の優秀さと、そこで100円で買える(アメリカで生活している私にとっては)極上のスイーツ、300円もあればランチが食べられる立ち食い蕎麦屋、最高のサービスに対して払わなくて良いチップ。どんなに暑くて湿度が高くても、どんな酷いゲリラ豪雨に見舞われようとも、これほどすばらしい国は、唯一無二であると断言できる。

この本でこれから述べていくことは、日本に対して批判的な内容が多くなることは否定できない。しかし、そこには多くの、現存する数値を表す単位では表現できないほどの「愛」があることをご理解いただきたい。

日本のスポーツ界を良い方向に変えていきたいという思いから、私の経験や思いをNewsPicksというウェブメディアに連載するようになったのだが、私の連載を見て、思慮の浅いコメントをしてくる人たちは言うのである。「典型的、アメリカ上げ記事」と。

私は、アメリカを持ち上げたいのではない。断じてない。機会があるなら、その矛盾や社会システムの不備、犯罪の多さなどのダークサイドを本にまとめ上げたいぐらいだ。私が本書で述べたいのは、日本が戦後のどん底から成長・復興をはたしてきたように、日本人にある勤勉さや国民性、社会の仕組みをベースとしたうえで、スポーツ大国アメリカから「学ぶべきことは学ぼう」、そういう類のことである。社会の仕組み上、そして国民性の違いからくる「学べないこと・学ぶべきでないこと」は、逆に捨ててしまえばいいとさえ思っている。

私は、この本のなかで、私が経験したことを、少しでも多くの日本の方々に共有することで、2020年、いや、その先のスポーツ文化の発展に対する、問題提起としたいのである。

合理性の下に

何度でも言わせていただく。いろいろなことをマルチに行っているうちの一つとして獲得したメダルの数は、それしかやっていないで獲得したメダルの数とは、明らかに違う。日本を代表するプロスポーツにおいて、引退者が「華麗なる転身」をはたしたストーリーをどれほど聞いたことがあるだろうか？　アメリカに比べ、圧倒的に少ないのではないだろうか？

オリンピックメダリストや国民的スポーツで成功を収めた人が、社会で尊敬されるビジネスマンや、大企業の経営者になったとしたら、スポーツに集まる関心や、それをスポンサードする企業、つまりスポーツに集まるお金も増えてくるだろう。そこに集まった注目やお金は、スポーツをビジネスとして、そして文化として大きく発展させるのである。

学校の先生を兼務する必要のないプロの指導者が増えたり、その分野への女性の進出が増えたりするだろう。プロで活躍できる選手やその給与が増えれば、コーチの給与も上がるだろうし、スポーツに関わる多くの職種の求人も増える。つまり、その社会のスポーツを取り巻く環境が成熟していくのである。

この、日本のスポーツ界を生きる者にとって夢のような話は、私の妄想というわけではない。アメリカで、今実際に起きていることなのである。そして、私は図らずも、それを毎日、目の当たりにしている。

アメリカンフットボールの本場アメリカで、コーチとしての職を得るために渡米した私は、「忘れることのできないできごと」に出会ってしまったおかげで、やりたいこと、やらなければいけないことが増えてしまった。主たる目的ではなかったため、ぼやーんと、真上からしか、二次元的にしか見ていなかった「アメリカのスポーツ」という名の大きな丸い図形は、近くに寄って、また角度を変えて注視してみたら、とてつもなく深さがある、三次元的な大きな円柱だったのである。そして、その円柱は、日本では、採取・採掘不可能な「合理的」という天然素材で、実に細やかにつくり上げられていたのである。

この本では、その得体の知れない「アメリカのスポーツ」、特に学生のスポーツについての詳細を読者のみなさまにシェアしたうえで、日本のスポーツが、２０２０年の東京オリンピックとその先に向けて進むべき方向や、その手段、現状の改善点などについて、論じていきたいと思っている。

はじめにの最後に、読者のみなさまと約束したいことがある。私は、次のような人たちが苦手だ。

・海外での経験、つまり、確認するのが困難な話は、言った者勝ちだと思って発言する人
・無知の無知、すなわち、自分が詳細を理解していないことすら理解できていない人
・言いっぱなしで、改善策を提示しない人

本書を執筆するにあたり、私自身が苦手とする人たちの仲間入りをしてしまわないことを誓う。

目次

第3章 2020年へ、そして、日本スポーツの未来へ向けての提案

第1章
日米スポーツ事情

ヘッドスライディングに見る日本のスポーツの不合理

2016年夏、オフ期間に日本に滞在していた私は、よく野球を観に出かけた。高校野球を経験した野球好きの私にとって、プロ野球の試合の地上波放送が減ってきていることは寂しい限りである。しかし、その反面、テレビではなく、野球を観に球場へ足を運ぶ機会が増えた。この夏は、1カ月の滞在で、プロ野球、社会人の都市対抗野球大会、高校野球の地方予選と、違うレベルの野球を合わせて8回ほど観戦する機会に恵まれた。アメリカでの生活が長くなってきた今の私に、日本のスポーツがどう映るか、紹介したい。

まずはプロ野球。メジャーリーガーたちと比べると体が小さく、迫力に欠ける感は否めない。だが、基本的動作を含む技術の高さは、普段見ている「ベースボール」と大差ない。特に、投手のレベルの高さには、多少の驚きを感じるほどであった。

都市対抗野球についても、非常にレベルが高いと感じた。レベル的には、ここ数年、プロ野球界が取り組んでいる育成枠、つまり3軍（一部の2軍選手も含め）レベルの選手よりも、はるかに高いのではないだろうか。

さて、高校野球である。なんと爽やかで清々しいスポーツであろうか。高校生が行うスポーツが数多くあるなか、この季節のこの競技は、やはり特別である。NewsPicksという媒体上で、日本の読者向けのコラム連載を始めてからというもの、「合理性」「勝つこと」「スポーツ＝ビジネス」をことさら強調して話したり考えたりする機会が多くなった私にとって、全身全霊を捧げ勝利やチームメイトのために「一心不乱」にプレイし続ける姿は、新鮮や鮮烈を通り越して、新しいスポーツに巡り合ったかのような衝撃だった。

しかし、その真っ白なキャンバスの上を駆け回る高校生のプレイを、限りなく透明に近いレンズの眼鏡で爽やかに見ていた私に、レンズを一瞬にして曇らせるようなできごとが起こる。「現実に引き戻された」というのが、適切な表現だろう。

9回の裏、ツーアウトランナーなし。5点ビハインドのチームの最後のバッターに、控え選手と思われる3年生が代打で登場した。その日の試合展開やその選手の風貌を見るに、逆転できそうな要素を見出すことは不可能に近い状況だった。

大方の予想通り、彼の打球は、平凡すぎるぐらいの内野ゴロ。彼がホームと一塁ベースの中間点に到達する前に、ボールは一塁手のグラブに収まり、ゲームセットとなった。しかし、バッターランナーである彼は、一塁手がピッチャーにかけ寄り、勝利の瞬間を共有する準備の動作が見えているであろう位置、審判が「アウト！」の宣告をする動作が見えているであろう位置から、果敢にもヘッドスライディングを試みるのである。そして、まるで描かれたシナリオを忠実に演ずる大根役者のごとく、一塁ベースコーチに入っているチームメイトに抱きかかえられる気配を感じながら、腹這いのままベース付近の土を握りしめて悔しがっているのだ。

「アメリカナイズされた」という批判を全身で受け止める覚悟で、読者のみなさまにあえて聞いてみたい。

「はたして、その行動に意味はあったのか？」。もう少し踏み込んで言うなら、「その行動は、勝利が最も大きなゴールの一つであるこの競技に、必要なものなのか？」と。

アメリカで約10年にわたりスポーツの指導者を生業としてきた私の目には、それは、「むだ」としか映らなかった。ただし、アメリカが「勝利至上主義」だというわけではない。

アメリカでも、チームプレイ、つまり組織の一員として行動することの大切さや、フェアプレイに関することなど、しつこいくらい教えられている。日本とは形が違うが、教育として同じくらい重要な位置を占めている。違いは、日本のそれより格段に短い、決められた時間やルールの範囲内で、勝利に対して何が最短距離なのかを考え実行していく、つまり、合理的な思考の下に競技している点だ。

翻って、日本のスポーツはどうだろうか？　高校野球を例に取ってみても、明らかに届かないであろう打球に飛びついてみたり、ゲームセット前にヘッドスライディングしてみたり、それだけで疲れてしまって競技に集中できないのではないかと思う「声出し」をさせられたり。これらのなかに、勝利のために不可欠なものはあるだろうか？　残念ながら、無意味と言われても仕方ない行動ばかりなのである。

今まで幾度となくアメリカの高校野球を見てきたが、レベルこそ日本ほど高くないものの、そこに「むだな行動」は一切見て取れなかった。逆に、まるでルールで決められているかのような「先発 ― 中継ぎ ― 抑え」の継投、日本であればすぐにでも矯正されてしまうであろう自由奔放かつ個性豊かな投げ方や打ち方は、アメリカのスポーツ文化の縮図を連想させるかのごとく、合理性に溢れている。

野球は、二十数年前に私が全身全霊で取り組んでいたスポーツであり、今でも愛して止まないスポーツの一つだ。日本の野球を否定するつもりなど微塵もない。が、しかし、二つの国の、同じはずの競技を見比べれば見比べるほど、なんだか別の競技を見ているような気がしてならないのだ。そしてそれは、高校生のとき、授業中に教科書に重ねて隠し読んでいた、ボブ・ホーナー（1987年にヤクルト・スワローズに入団し、衝撃的な好成績を収めた現役バリバリのメジャーリーガー）が書いた、『地球のウラ側にもうひとつの違う野球があった』（日之出出版）という本を思い出させるのである。同書のなかでは、日本の野球について、「練習量が多すぎる」「コーチが口出ししすぎる」など、今も通じる問題点が指摘されている。

「声出し」は有効か？

TK：久しぶりの日本はどうだった？

EM：楽しかったよ。滞在中に、母校の練習見に行ったの

TK：どうだった？

EM：新鮮だったよ〜。やっぱり高校生は勢いがあったし、すごく元気が良かった。なんだか、違う競技を見てるようだったよ

TK：だよね〜。俺は野球を見ても、アメリカンフットボールを見ても、そう思うよ。良くも悪くもだけどね

EM：でもね、あれだけ声出ししてて、疲れちゃわないかと思うんだよね。たしかに外から見てると、活気があって、一体感があって、気持ちが良いんだけど、はたしてそれで競技力が上がるかと思うと、そうでもないし。なにより、その競技力を上げるための練習に使う力が、「声出し」に取られてしまうんじゃないかと思って……

ＴＫ：おっしゃる通り！　なんか、本来の目的を見失っているように見えちゃうよな

数年前に日本に数週間戻っていた私の友人のＥＭと交わした会話である。彼女は、ＮＦＬ（アメリカンフットボール）、ＮＨＬ（ホッケー）、ＮＢＡ（バスケットボール）でチアリーダーを務めたプロ中のプロであり、両国のスポーツの違いを、私とは違う視点でずっと見てきた。

彼女の話は、チームメイトとのコミュニケーションや、タイミングを合わせるような掛け声など、競技力向上に不可欠な「声」以外の声、つまり「むだな声出し」が多いことを指摘するものだが、私もまったく同感である。

このような具体例も含め、本書でこれから何度でも言わせていただく。

「日本のスポーツには、『声出し・先輩へのあいさつおよび配慮・伝統を守ること』など、勝利や競技力の向上に直接的に役立たないことなのにやらなければいけないこと、つまりむだが多すぎるのである」

スポーツ、特に現場において、日米を比較してみよう。

勝利には直結しない声を出す日本
そのパワーを他に使うアメリカ

額面通り受け取っていただいてかまわない。日本は声を出すことで、練習を盛り上げようとする。また、なぜかはわからないが、指導者たちは、強い、試合に勝てるチームよりも、声が出る、一体感のあるチームづくりを好む。

アメリカで長くスポーツに関わっている私は、逆ではないかと思う。良いプレイや、自分たちが練習してきた通りのことができたときに、うれしさのあまり声が出て、盛り上がりにつながるのではないかと。

下級生が声を出すことを強く求める日本
下級生でも競技力の向上に努められるアメリカ

これは、私にとっては、少し歯痒い問題である。なぜなら、日本は、年齢を中心とするある程度の上下関係という強固な土台によって、今のすばらしい文化や社会が築き上げられているからである。

存在目的の違いと、その優先順位という観点で整理してみよう。

日本の下級生は、先輩への敬意という、秩序を重んじるための行動の優先順位が高い。上級生をはるかに上回る技術を持った下級生の存在という幾つかのまれな例外を除けば、彼らの仕事は、自分の技術力の向上ではなく、先輩たちに不快感を与えないことである。

逆にアメリカでは、競技者として個人の実力を上げることが優先される。しかし、これは、自分さえうまくなれば良いという日本人がきらう種類の個人主義的なものではない。「下級生である、すなわち、実力がチームの底辺である自分が上手くなれば、チームも強くなる」という、ボトムアップの精神から生まれている。

自分の将来を犠牲にしてまでもチームのためにがんばる日本それを止めるのがチームメイトであり指導者であるアメリカ

この点については、アメリカで体験した短めのエピソードを一つ、紹介しよう。

私の同僚の子供（10歳）は、ピッチャー交代を告げられて、泣きながら言うのである。「もっと投げたい」と。しかしコーチは、しゃがみこんで彼に目線を合わせてこう言った。「ルールで40球って決めてあるよな。その前に、これは君のためでもあるんだ。また、この後に投げたいと思っているチームメイトのためにもなるんだよ」と。

練習量にも投手の投球回数や球数にも制限がない日本
ルールを明確に決めているか、指導者が規制をしているアメリカ

前述の10歳の少年とコーチの会話が物語っていることはこうだ。10歳の子供でさえ投球制限されている。

一方日本では、中学や高校、つまり、成長期の伸び盛りの時期に無理をさせてしまっている。指導者は、長く練習することで、自己満足をしているのだ。生徒たちを一人の人間としてではなく、ただのプレイヤーとしてしか扱っていないことに気づいていない。

休みがなく1年中練習している日本
休みは休みとしてオンとオフの切り替えをしっかりとするアメリカ

日本人の勤勉さの副作用なのであろうか、1年中同じ競技を練習し続けるのが日本である。その悪しき風習が、他のスポーツ、勉強、芸術、子供たちが子供たちの数だけ持つ、それ以外の才能を見出すチャンスを奪っている。そして、そのことにさえ気づいていない。

日本の子供たちがそうしている間に、アメリカの子供たちは、オンとオフ、今やってい

るスポーツとその他のスポーツや習いごとへのスイッチの切り替えを、自然に学んでいる。

1年中同じスポーツをしている日本
シーズン制で、いろいろなスポーツをしている（＝マルチスポーツ）アメリカ

これは、先程の話の延長上のことである。子供の頃からシーズンごとにスポーツを選択し競技している子供たちは、複数のことを並行して行うこと、その時間配分、切り替えなどを自然に学ぶことができる。日本では、まず考えられないことである。また、広い国土もあってか、地方自治が進んでいるアメリカでは、州ごとにそのルールに違いがある。たとえば、ジョージア州では、秋のシーズン以外はアメリカンフットボール部の練習が禁じられている。マルチスポーツを推奨することと、安全面からの配慮であると言われている。

体を大きくしようと一生懸命「米を中心とした炭水化物」を食べている日本
その数倍の「プロテイン」を摂取するアメリカ

何度か、この類の記事やテレビを見たことがある。日本の高校生や大学生が体を大きくするために、先輩や指導者たちから、食べることに関するノルマを課せられるというもの

なのだが、その記事や画面に映るほとんどの食べ物が炭水化物なのである。ある高校野球チームの記事でも、とにかく米を食べることがノルマとされていた。

これがテレビ局の編集や、編集者の勘違いであってほしいと願っているが、残念ながらそうでもないようだ。驚くべきことに、高校生が「食のノルマ」を始めた理由がなんと、強豪校がやっていたから、だったのである。勘違いと横並び意識もほどほどにしてほしい。百歩譲って、日本が米文化、主食を中心とした食文化を持つ国であるとしても、成長期のアスリートにより必要なのはプロテイン、つまり、たんぱく質類であることは、アメリカなら、小学生でも知っている。

挙げていけばきりがないし、なんだか寂しさすら覚えるので、この辺で区切りをつけよう。最後に一つだけ、日本のスポーツがアメリカと比較して、誇れるものを。

道具を大切にする日本

道具を大事にするという考え方が著しく乏しいアメリカ

この点においては、大いに日本を褒め称えたい。忘れもしない、私が働き始めて最初の公式戦である。試合前のロッカールームのエキップメント（用具係）の部屋の前には、長蛇の列があった。近づいてのぞき込んでみると、選手たちが、グローブやタオル、サポーターなどの真新しい物を係にリクエストして、もらっているではないか。なかには、履きならすことが必要なはずのスパイクの新品を手にしている選手まで。

聞くところによると、アメリカでは、特にカレッジフットボールレベルになると、ゲームごとに新しい道具をもらうことが一般的なようだ。そして、もっとびっくりさせられたのは、その試合後である。あろうことか、さっき受け取ったばかりのグローブやサポーター、スパイクの一部が、ごみ箱のなかに投げ込まれていたのである。大量消費社会であるがゆえ、一つの物を長く大事に使うという習慣がないと言えばそれまでだが、ここまで物を粗末に扱う場面を目の当たりにすることは、日本人にとって、気持ちの良いものではない。

流通数とそれに比例する高価格が大きな要因とも言えるのだろうが、日本の選手は、道具を大事に使っている。野球小僧時代に、グローブやスパイクを磨いていたのを思い出して、思わず口元が緩んでしまう。

アメリカのスポーツに見られる合理性

ここまで述べてきたことをまとめると、次のように表現することができるだろう。

「合理的手法で勝利を求めていくアメリカのスポーツ」

「『そうあるべきだ・そうでなくてはならない』という摩訶不思議なルールや社会通念が色濃く支配し、勝利に直結しないルールや行動が多い日本のスポーツ」

表現を変えるとこうだ。

「勝利を収められなかったとしても、自分たちが、あるいは見ている人たちが気持ち良ければそれで良い」

少し話はそれるが、日米の違いは、みなさまの日常生活やビジネスのなかでも感じ取れるものなのではないだろうか。たとえば、私の日本の友人に「最近どうか?」と尋ねると、十中八九「忙しい・バタバタしている」という内容の答えが返ってくる。たいして忙しくなくてもそうだ。私もそのうちの一人だった。

しかし、アメリカでは必ずしもそうではない。比較論ではあるが、日本人は、忙しくしている、または、忙しく見られるのを好む民族、あるいは、それを良しとする文化なのだろう。私もそうであったように、日本人はとにかく「人にどう見られているか」を気にするのである。

なんだか変な表現になるが、会社でもチームスポーツでも、日本は、

「チームや組織という大きな円を、近くに寄って目を凝らしたときに見えてくるのが個人」

逆にアメリカは、

「個人が際立って見えるなんらかの形を、遠ざかって引いて見たときに、それが円だと気づく」

その二つの円が競争しあったときにどちらが勝つのかは、時と場合によるだろう。しか

し、五色の円が集まった形がシンボルとされる世界的なスポーツの祭典で、いつも評価され、結果を残しているのは、アメリカという名の円である。

もちろん、その「忙しいことを好む（＝勤勉さ）」が、現在の我々の美しく豊かな国の土台を成していることは、言うまでもない。しかし、これまでに述べてきたような、人の目を気にしすぎることや、忙しいことを良しとする勤勉さ、個人よりも組織が大事という考え方は、必ずしもスポーツに良い影響を与えない。両国のスポーツに深く触れてきた私の経験は、それらが、「日本のスポーツの発展やオリンピックメダル数の増加を邪魔している」と何度も私に語りかけてくるのである。

日本のスポーツ界に警鐘を

スポーツが大好きな日本の友人に言われたことがある。

「日本のスポーツ界に警鐘を鳴らさないと！」

私の経験上、そして確固たる事実として、メダル数、それを生むシステム、メダリストたちのセカンドキャリア、どれを取っても、日本のスポーツはアメリカのスポーツに大きく水をあけられている。

「警鐘を鳴らす」などというおこがましい表現はさけたいが、「アメリカのスポーツ」という日本人にとっては少し特殊な現場にいる私こそ、その役目をはたさなければならない一人ではないかと感じている。

まして や、２０２０年、愛すべき我が母国で、オリンピックが開催される。残された時間は少ない。

「雨が降ろうと、何が起ころうと、試合の日はやってくる。たとえチームのエースがけがをしたとしても、試合は、決まった時間になれば始まってしまう」

私の恩師の一人である、オービックシーガルズのヘッドコーチである大橋誠氏（現在は同チーム・ゼネラルマネジャー）がよく口にしていた言葉である。

2013年の9月初旬、2020年に我が国でオリンピックが開催されることが決まってしまった。新しいスタジアムやファシリティーの建設、国民のホスピタリティを含む受け入れ態勢、治安、どれを取っても、オリンピック史上、最高のクオリティーを提供できるだろうことに、疑いの余地もない。

しかし、肝心の開催国としてのメダル獲得数は、つまり、スポーツを競技するにあたって最も大事なことのうちの一つである「結果」はどうなるだろうか？　その点において、私の頭のなかには、クエスチョンマークしか浮かんでこない。

2015年の夏、あと数年しかない母国開催オリンピックに向けた焦りと、危機感とも言うべきこのような気持ちを、一人でも多くの日本の方にシェアするために、NewsPicksというウェブメディアで連載を始めた。おもしろいもので、アメリカのスポーツとの違いを考えれば考えるほど、書けば書くほど、日本のスポーツ界の大きな問題、そして深層部分までが明らかになってくる。

たとえば、日本の学生スポーツを、アメリカのそれのようなシステムに変えようと深く考えていくと、日本の教育制度を変えなければならないという結論に至ってしまう。日本で「部活の休みを増やして、（アメリカ人のように）家族との時間を増やそう」とするなら、我々が長く営んできた生活や慣習、家族の在り方にまで要らぬメスを入れることになる。そんなことができるわけもないし、それは、挑む相手が大きすぎる。

「簡単に真似だけをすれば良いと思っていたものが、そんな簡単な話ではない」

このことが見えてきた現在、2020年の東京オリンピック開幕まで2年を切ってしまった今、「アメリカのスポーツ界では、何が起きているのか？　それが賞賛される理由と、結果が出る仕組みがどのようなものであるのか？」をシェアしたうえで、日本人が、そこから何をどのように学べるのかを、一人でも多くの方と一緒に考えていきたいと思っている。そのために続く第2章で、アメリカのスポーツ界の仕組みを紐解いていきたい。

そのことが「警鐘を鳴らす」ことになるかどうかは、読者の方に委ねるとしよう。逃げ道をつくるつもりはないが、その結果が、２０２０年から4年ごとにじわじわ出てくれるのなら、本望である。

第2章
アメリカのスポーツにあり、日本のスポーツにないもの

日本のスポーツには何が足りないのだろうか？　端的に言ってしまおう。それは「お金」である。これから、合理的なアメリカのシステムを紹介していくことになるが、それが自然と成立するのは、そこにきちんとお金が集まり、流れているからなのである。

近年、日本のスポーツ選手は、野球やサッカーで世界レベルの活躍を見せている。本当にうれしく、そして日本人として誇らしく思う。メジャーリーグやヨーロッパのサッカーリーグで活躍している選手が、日本ではあり得ないような年俸を受け取っていることは、みなさまもご存知であろう。言い方を変えれば、日本のスポーツ界は、良い選手に、世界標準の対価を支払う能力がないとも言える。スポーツを生業としている人間にとって、これほど寂しい事実はない。

「日本では、どうしてスポーツにお金が集まらないのか？」。私なりに考えられる要因を、次のように羅列してみた。

・スポーツが文化として定着していない
・スポーツに価値を感じていないから、お金を払って観に行く人が少ない
・広告、流通、ファンを中心としたマーケティングなど、すべてが未熟なため、企業の投

資対象にはならない（成長を見込めない産業には投資効果がない）
・マーケットがないため、スポーツ社会全体が成熟しない
・指導者、トレーナー、スポーツメディカルなど、選手に必要不可欠なリソースが絶対的に不足している
・「プロスポーツ引退後の理想像（＝成功者）」が絶対的に少ない

話は転じて、世界中のマーケットでトップシェアを誇るスポーツ関連企業のトップ（CEO）が、日本を視察したときの会話を紹介しよう。甲子園球場で高校野球観戦をした際のものである。

CEO：信じられない、平日なのにほぼ満員じゃないか？　しかも、ハイスクール・ベースボールだろう？
日本法人の社員：高校の全国大会です。大学も含め、学生スポーツのなかで一番の観客動員数です
CEO：テレビ中継は？

日本法人の社員：全国ネットで、すべての試合が生中継されます
CEO　　　　　：これだけマーケットがあるのに、どうしてうちの商品は売れないんだ？
日本法人の社員：……

友人からの伝聞であり、100％直接的に自分の目で見た、あるいは聞いたと言えないことを書くのは少し気がひけるが、本書のテーマと私が読者のみなさまにお伝えしたいことに著しくマッチするので、シェアさせていただいた。

日本のスポーツマーケットは、アメリカと比較すると、いや、比べるのも恥ずかしいぐらい、小さなものである。しかし、これは、チャンスとも言える。マーケットが存在しないことは、そこにマーケット拡大の大きなチャンスが存在することでもあると私は信じている。

すでにすばらしい例があるではないか。1993年に開幕したJリーグは、二十数年の歳月を経て、世界のトップオブトップには大きく水をあけられているものの、世界でも有数のプロスポーツリーグに成長している。この事実を踏まえると、将来的に、野球やサッ

カーに次ぐ、第3、第4のメジャースポーツが日本に生まれるチャンスは十分にある。そして、2020年のオリンピックが、その飛躍への特別な踏み台（ネガティブな意味ではなく、体操の跳馬の前にある踏み台をイメージしてほしい）になることは、疑いようのない事実である。

カレッジスポーツ

アメリカのスポーツには、日本で生活していては想像をし得ないような世界が一つある。「カレッジスポーツ」である。

次のようなことが事実であると、信じられるだろうか？

・キャンパス内に11万人を収容できるスタジアムが存在する
・学生アスリートを指導するコーチの年俸が10億円を超える（勝利や優勝のボーナスを含めた場合）
・大学は、スポーツによって年間100億円以上の収益を上げている
・2016年のリオオリンピックで、カリフォルニア州の四大カレッジ（カリフォルニア大学バークレイ校、スタンフォード大学、カリフォルニア大学ロサンゼルス校、南カリフォルニア大学）が獲得したメダル数は50個。ちなみに、これらの大学は、全米屈指の頭の良い学校でもある

どのトピックを取っても、日本では考えられないようなことばかりである。アメリカのカレッジスポーツのビジネス規模を論じるにあたり、最もわかりやすい物差しが金額である。「清く、正しく、美しく」あるべきの、学生スポーツのビジネス規模を表すものとしては、少しダーティーなイメージさえあるお金。前述の目をみはるような事実が実現可能なのは、スポーツとビジネスを切り離すガバナンスが充実しているからであろう。

その役目をはたしているのが、NCAA（National Collegiate Athletic Association：全米大学体育協会）である。この組織の始まりは、1900年代初頭、当時のルーズベルト大統領とその他数名によって行われた会議だとされる。当時、練習量の多さからけがや死亡事故などが多く発生し、学業への悪影響や、スポーツチームの活動を休止する大学が増加したことを憂慮したメンバーが組織していった。現在では、1281の加盟校、45万人の学生アスリートの日々の活動をサポートしている。非営利団体であるが、2014年度の収入は約1000億円（利益100億円）にのぼる。

ここで一つ、用語の説明をしておきたい。本書のなかで度々登場する「学生アスリート」という言葉である。これは、NCAAがことあるごとに用いる"Student Athlete"を訳したものだ。「学生」という言葉が入っていることに注目してほしい。NCAAに言わせると、アメリカンフットボールプレイヤーをはじめとする学生スポーツの競技者は、読んで字のごとく「Athleteの前にStudent」なのである。

奇妙奇天烈奇想天外なNCAAルール

日本の教育制度、スポーツの環境で育った私には、NCAAのルールとその運営は、予想の範囲を大きく超えるものであった。

2007年、私がスタンフォード大学で働き出してすぐの、ある夏の日である。一人の選手がオフィスを訪れ、質問を投げかけてきた。

選手：コーチ・カワタ。コピーを数枚取りたいのですが

TK：いいよ。（コピー機を指差して）どうぞ！

そこへ同僚のマット（MATT）が現れた。

MATT：ちょっと待て、なんのコピーを取るんだ？
選手：サマースクール（夏の期間に取ることのできる授業）で論文を書くのに必要な資料です
MATT：それなら、ダメだ。生協かどこかで取りなさい
選手：Yes, sir.
TK：??
MATT：TK、おまえはNCAAルール違反を侵すところだったんだぞ……
TK：はぁ……??
MATT：ちょっと大げさかもしれないけど、基本的に学生アスリートにはコピーさえ取らせてはいけない。それはNCAAルール違反になりかねないんだ
TK：わかりました。以後、気をつけます

よく見ると、コピー機の前に貼り紙がしてある。「学生にコピーを取らせるときは、そ

れがアメリカンフットボールのためであることを確認せよ」と。詳しく調べたところによると、ペンであれノートであれ、アメリカンフットボールで使用する物以外は、学生アスリートに無償で与えることはできないようなのである。

それらは、NCAAが規定する「与えてはいけない利益」にあたるのだ。もう少し詳しく言うなら、NCAAで認められた奨学金の費目（授業料・寮費・食事代など）に含まれるもの以外は、チーム（＝学校）が負担してはいけないのである。このケースで言えば、授業で使用する自分で負担すべき「コピー代」を、意図せずチームが負担することになる。これは、チームとして不正を行ったと取られかねない行為なのだ。

日本ではよく、コミュニケーションの一環として、指導者が飯を奢るようなことがあると思うが、これも、NCAAルール上は御法度である。また、オフィスにスタッフ用に置いてある、スナックやキャンディーボックスの横にも、大きく"Not for Players"（選手のためのものではありません）と書かれている。

「そこまで、細かいこと言うの？」と、当時の私が思ったのと同じような印象を持つ方が多いのではないだろうか。アメリカで暮らした経験がある方、またはなんらかのかたちでその文化に慣れ親しんだ経験がある方なら、ご理解いただけるかと思う。この種のルールは、この国ではあたり前のことなのだ。

現場でのルール監視と運用

我々の所属するアスレチック・デパートメント内に、「コンプライアンス・オフィス」と呼ばれる部署がある。彼らはビルの隅の目立たないスペースの、まるで周りと距離を置きたいかのようにつくられた個室で働いている。そこでは、フルタイムのスタッフ6名が働いているのだが、彼らの仕事がなんなのかというと、それは、表現は悪いが、我々を監視することである。

我々アメリカンフットボールチームの大きなミッションのうちの一つは、勝つことである。日本の学生スポーツにおいてこのような表現を用いることはさけられるのかもしれないが、もっとはっきりと言うと、「勝つことによって、収益を上げること」である。

言わずもがなだが、カレッジスポーツにおいてもプロのスポーツにおいても、収益を上げるための最善の方法は強くなること、そして、強くあり続けることである。もちろん、地域との関係性やマーケティングなど、それ以外の努力も必要不可欠である。しかし、日本人よりもドライな国民性のこの国では、強さと収益は強固な比例関係にあると言える。

その強いチームをつくっていきたいがために、我々は現場で日々の活動に勤しんでいるわけだが、時として現場の強い思いが、意図せず、NCAAの規定するルールに違反する恐れがあるような行動に至ってしまうケースも、ないわけではない。

それを現場レベルで監視・指導する機能が、コンプライアンス・オフィスとして大学内部に存在するのである。NCAAは数々のルールについて、基本的には各大学の自制に任せている。定期的なレポーティングや抜打ちのチェックなどもあるようだが、各大学のコンプライアンス・オフィスが、それぞれのキャンパスで、NCAAの支店のような役割をはたしている。

コンプライアンス・オフィスを設置することは、決してNCAAから強制されているものではない。学校側としては、勝ちたいがための現場の暴走で大きな問題が発生したり、法外な罰金や各種のペナルティーを食らうことは、絶対にさけたいのである。また、教育機関として、学生アスリートがその道を逸脱するようなことがあってはならない。そのように考えたとき、それを監視・マネジメントするような部門が存在することは、必然なのである。

彼らは、いわば内部調査班である。きらわれ役と言っても過言ではない。しかし、我々にとっては良いブレーキである。昨今の安全運転テクノロジーのような、いちいちめんどうなアラートにウンザリするものの、それが、意図しない危険行為を事前に警告してくれるものである限り、ドライバーである我々にとって、絶対に必要な機能なのである。

あるとき、コンプライアンス・オフィス（CO）から名指しで呼び出しを受けた。

CO：この前、練習を見ていたけど、けっこう熱心に指導してたね
TK：気づいた点について、注意をしていただけです
CO：あの練習メニューは、TKが考えて主導してるのか？
TK：No, Sir. 私はあくまでボスのアシスタントですし、選手にも指導というよりは、アドバイス、もしくは選手に聞かれた質問に対して答えているだけです
CO：そうか。それなら問題ない。ありがとう

私は、最初の一言でピンときたのである。彼が何を言いたいのか、何を聞きたいのかを。NCAAルールでは、アメリカンフットボールのフルタイムコーチは10人までと決まっている。残念ながら私はその枠には入っていないので、私の活動には制限がある。具体的に言うと、練習の際に、私が中心となって指導・オペレーションをすることはできない。ポジションごとの練習でも「これは、なんのための練習で、このようなテクニックを使用する」という説明とメインの指導は、フルタイムのコーチがしなければならない。私にできることは、あくまでアシストである。それはそれで歯痒く思うこともあるが、ルールはルールである。

その他にも、コンプライアンス・オフィスは、学生アスリートやコーチングスタッフを対象にテストや勉強会を実施したり、目まぐるしく変化をするNCAAルールを学校や現場に伝える業務をしたり、高校生のリクルーティングについても、厳しく監視・指導をしている。我々からしてみれば少し煙たい存在ではあるが、その必要性から見ても、決して無視をできない存在なのである。

厳しすぎるルールは非合理？

このようなお堅いルールが、合理性の国アメリカでどうして誕生したのか？　そのヒントとなるできごとが、まさに今、起きたばかりなので、話は少しそれるかもしれないが、紹介したい。

今、私は、カリフォルニア州は、パロアルト、スタンフォード大学の近くのファストフード店でこの原稿をタイプしている。以下は、ちょうど5分前に起こったできごとだ。

ＴＫ：Ｂコンボ

店員：了解。（数分後）どうぞ！

ＴＫ：これＣコンボなんですけど……

店員：あっ、ごめん。今つくり直すから、それ食べて待ってて（と、Ｃコンボを指差す）

ＴＫ：……

店員：で、これ、ドリンクね

ＴＫ：あの、Ｌじゃなくて、Ｍサイズを頼んだんだけど……

店員：それじゃ、だめ？　足らないより良くない？

ＴＫ：それもそうだな……

アメリカは、本当に大雑把である。日本人の感覚からすると理解に苦しむことが、本当に多い。

その大雑把なアメリカにあって、ＮＣＡＡの規定はきわめて異質である。私見の域を出ないが、ＮＣＡＡは、「学生スポーツとビジネスの住み分けをことさら強調するために、わざと細かい規定を作成・運用している」のではないかと思うほどである。

しかし実際は、ガチガチなルールが先にあったわけではないはずだ。ある種大雑把な、合理性（間違ってつくったＣコンボを捨てるのではなく食べてもらう、頼まれたサイズより大きければＯＫ）がまず先にあり、それがだんだんと複雑化していったのではないか。時に非合理的とも思えるＮＣＡＡルールは、合理性の究極の産物なのかもしれないと思わされるできごとだった。

ＮＣＡＡの役割

さてここで、NCAAという組織について少し詳しく紹介してみたい。私が現場の指導者という立場から把握しているNCAAの役割は、大きく分けて6つある。

1. 学業がおろそかにならないようなルールの制定とその運用および監視

「学生の本分は、勉強である」を大原則に、活動時期の制定をしている。たとえば、オンシーズンとオフシーズンを明確に定め、オフシーズンの練習を原則的に禁止する（ウェイトトレーニングや、個人のトレーニングは例外）など。また、練習・活動時間の制限も行っている。アメリカンフットボールの場合は週17時間まで、野球は週8時間までである。

2. 学生アスリートがビジネスに巻き込まれないためのルールの制定と運用

ビッグ・ビジネスであるカレッジスポーツにおいて、学生アスリートがいたずらに金銭をめぐる事案に巻き込まれないようなルールを制定・運用している。たとえば、スポンサーやエージェントと学生が接触するのを制限、あるいは禁止したり、スカラシップ（奨学金）以外の利益供与を禁止したりしている。

3．トーナメントの主催

スポーツにもよるが、各スポーツの全米チャンピオンを決めるような大会をNCAAが主催しているケースが多い。そして、これらトーナメントの放映権の契約交渉および放映のマネジメントを行っている。

4．ビジネス

莫大な放映権のマネジメントとライセンスビジネス（NCAA加盟チームのグッズ売上のうち数%は、NCAAの収入になる）を行っている。

5．リクルーティングの監視

高校生をリクルーティングする際のルールを詳細に制定・運用している。これは、リクルーティング対象者がビジネスに巻き込まれないようにするためでもある。

6．利益共有

加盟校への利益の分配、学生アスリート向けの奨学金賦与、けがの補償や保険、学力向上（アカデミック・サポート）のための投資などを行っている。

インディアナ州に本拠を置くこの組織では、前述のような細かいことが、日々運用されている。特筆すべきは、彼らのスピード感である。彼らは、細かく厳しいルールを制定するだけではなく、それを監視し、変化に対応させていく役目も持っている。

たとえば、コミュニケーション・ツールは、日々、誕生・進化をしている。彼らは、それらのテクノロジーに対して、迅速に対応してくるのだ。つまり、ルールを常にマイナー・チェンジしている。このマイナー・チェンジは、高校生のリクルーティングに関するものが多い。たとえば、高校生とのSNS上でのメッセージのやり取りは許可されるが、携帯電話のテキストメッセージ（ショートメール機能）は不可であるとか、写真データのやり取りは認めないとか。そして、それが2週間後には急に許可されたりする。時にそれは、我々にとって、めんどうなものだったりするわけであるが、そのスピード感には感心させられる。

トランプ大統領が、就任後に差別ともとれる入国制限ルールを制定したときも、数時間のうちにNCAAの基本姿勢と、それに関する対応を発表した。口ばかりでなかなか動かないお役所を見て育った私にとって、そのスピード感と組織としての行動力は、驚きとともに賞賛に値するものであった。

罰金66億円

さて、この目まぐるしく変わる、良く言えばアジャスト能力が高い、悪く言えば朝令暮改な規則を、ＮＣＡＡはどのようにマネジメントしているのだろうか？　その方法は、奇しくも、幾つかのスポーツで用いられている「ペナルティー制度」である。ルールをつくり上げ、それに従わない者にはペナルティーを科す。サッカーと同じように、時には警告、時には一発退場に値する処分が科せられることもある。

「６０００万ドル」（１１０円換算で約66億円）

これは、ペンシルバニア州立大学に対してＮＣＡＡが科した罰金である。２０１１年に発覚した、アシスタントコーチのうちの一人が犯した児童虐待事件を、組織的に隠ぺいしたことに対する処分である。その他、スカラシップ減枠やオフシーズン・プレイオフへの出場資格はく奪など、多くのペナルティーが科されたが、なんと言ってもその罰金の金額には驚かされる。

この事例において興味深いことは、ペンシルバニア州立大学がこの罰金を即納したことである。「そんな大金を払ってまでＮＣＡＡの加盟校であり続ける意味があるのか？」という点について、疑う余地なく、「あり」だったのだろう。一説には、納入した罰金のほとんどがアメリカンフットボールでの収入だと言われている。

指導者

コーチに対する破格の報酬

本章の冒頭で、日本のスポーツマーケットの未熟さについて簡単に触れた。これを計るには、いろいろな物差しが考えられる。観客数、グッズの売上、放映権料、選手の給料、挙げていったら明日までかかってしまう。

そのなかで、私自身がコーチという職業だということもあり、最も注目している項目がある。それは、「指導者の報酬」である。

以下は、数年前（おそらく、2011年ぐらい）のある日の、我々のオフィスでの会話である。

同僚：コーチ・テッドフォードのニュース見たか？

ＴＫ：契約の更新は見たけど、詳細はまだ……

同僚：３００万ドル（３億円）だぜー（驚きの口調で）

ＴＫ：What!?

同僚：ガーバネイターの10倍以上だよ。It's crazy!!

会話に登場したコーチ・テッドフォードことジェフ・テッドフォードは、多くの名選手を育て上げ、カリフォルニア大学バークレイ校のアメリカンフットボール部を常勝チームにしたことで名を上げたヘッドコーチである。そして、ガーバネイター（Governator）というのは、２００３年11月から約7年にわたり、カリフォルニア州知事を務めたアーノルド・シュワルツェネッガーのことである（ガーバネイターというのは、彼の代表作であるターミネーターと州知事を意味するGovernorを組み合わせた造語）。

ヘッドコーチにオファーされた新たな契約の年俸は、約3億円。しかも、複数年契約で、成績に合わせたボーナス付きである。それと比較して、ガーバネイターの年俸は、約２０００万円。面積だけで言えば日本の約１・１倍のカリフォルニア州を治めている州知事の給料は、（間接的であるとはいえ）彼が行政のトップとして立つ州の州立大学アメリカンフットボール部のヘッドコーチの給料にはるかおよばない金額なのである。

カリフォルニア州だけではない。アメリカのほとんどの州の公務員のなかで最も収入が高いのは、大学のアメリカンフットボールかバスケットボールのコーチである。ほぼ終身雇用と言っても過言でない日本の公務員と、お互いが合わなければ次の日にでもやめてしまうアメリカの公務員という差を考えたとしても、これは驚きの、そして、日本では想像もできない事実である。

ちなみに、アメリカのフットボールコーチで最も報酬が高いと言われているのも、カレッジフットボールのコーチである。ミシガン大とアラバマ大のコーチのそれは、ボーナスも含むと9億円とも10億円とも言われている。

アメリカでは、「コーチの評価＝収入」というのが当然のこととして受け入れられている。これは、コーチの能力への対価というよりも、「そのコーチの能力に起因するチームの強さ＝チームとしてのビジネス（収入）」に支払われる対価、というニュアンスのほうが正しいであろう。

さて、数年後に世界が注目するオリンピックが開かれる、我が国のコーチに対する対価はいかほどだろうか？　私が知る限り、優秀な指導者が、アメリカ並みの評価を受けている様子は見受けられない。

日本において指導者・コーチの報酬が抑えられている要因は、大きく分けて三つあると考えられる。

①収入が高いこと（金儲け）が、悪であるという社会風潮
②高校以下のほとんどの指導者が教員であること
③英語力の不足

どれも、いかんともしがたい、つまり解決が難しい問題である。一つ目と二つ目については、東京オリンピックを機に、スポーツが、文化として、ビジネスとして評価されるものに成長していくことで改善される可能性は十分にある。特に二つ目に関して、プロの指導者が増えれば、今までコーチと教員を兼任せざるを得ない、いわば二兎を追っていた状

態が解消され、スポーツの指導に集中できるようになる。そうすると、指導者のスキルばかりか、選手の競技力も上がっていくものと推測できる。三つ目は……、つまり、「優秀な指導者が海外からオファーを得る機会がない」という意味なのだが、これは、日本の教育レベルや制度の問題であるので、また別の機会に論じてみたい。

ビジネスの世界では、組織や人事制度も含め、さまざまな「物差し」が国際基準に近づいていているように思う。ビジネスにおいては、グローバルに競い合っていかなければならない状況がおとずれているのだから、当然と言えば当然である。

しかし、スポーツの世界では、どうであろうか？　特にアメリカなどのスポーツ先進国を東京オリンピックでの仮想敵国とするのであるなら、「指導者の評価」という点では、足下にもおよばないのではないだろうか。幸いなことに、「指導者の能力」という点で言うなら、日本にも世界で通用する指導者は十分いると思うし、確実に増えてきてもいるはずである。というのも、リオで獲得した多くのメダルの陰には、それと同じぐらいの、優秀な指導者がいるはずだからだ。

リクルーティング力に優れた優秀な指導者

私が思う、優秀なコーチがどのようなものであるか、以下にまとめてみよう。

・結果として、勝たせることができる
勝利がゴールなのであるから、当然である。

・エキスパートであること
これもまた当然のこととして、その競技やルール、戦術のエキスパートであるべきだ。それを裏付ける指導者としての経験や、ある程度の実績も必要だろう。ただし、その競技の優秀な選手だったかは、あまり関係ないと考えている。

・リーダーシップがあること
スポーツにおいても、政治、ビジネスの世界と同じく、リーダーシップは重要な要素である。言葉なのか、背中なのか、引っ張り方の手法は問わないが、日本人は後者が多いし、それを好む傾向がある。

さて、ここまでは予想の範囲内というか、あたり前のことと思うだろう。これらを備えた指導者は、日本でも増えてきている。しかし、アメリカの指導者が持っていて、日本の指導者が持っていない決定的な要素があるとしたら、それは次に挙げるものではないだろうか。

・すばらしいリクルーターであること

極端な話、良い選手を獲得できる能力があれば、指導の能力については多少目をつぶっても良いとさえ思っている。良いチーム、指導者には、自然と人が集まるものである。

このことについて考えるとき、いつも思い浮かべるストーリーがある。私の近しい友人に、「天才」という言葉を与えるにふさわしいシェフがいる。アメリカで、もう数十年レストランを営んでいる彼は、優秀な経営者でもある。そのストーリーというのは、彼がつくった焼豚を食べていたときのものである。

ＴＫ：本当に美味い！

シェフ：ありがとう。でも、もう少し良い豚なら、もっと美味しくできるよ

ＴＫ：これ以上美味くなるの？　信じられん。ところで、どうして、こんなに豚肉の臭みが消えるんだろう？

シェフ：答えは簡単、良い素材、つまり肉を仕入れることだよ

ＴＫ：なるほど

日本のシェフに同じ質問をしたなら、おそらく、豚肉の臭みの消し方をまじめに論じてくれるのだろう。生姜、ニンニク、どのような素材をどのようなタイミングで鍋に投入するのか、生姜に含まれるナントカという成分が、豚肉の臭みの原因となるナントカと反応して、臭みが消えるのだとか。それはそれは興味深い話を……。

しかし、アメリカで長く生活している私の友人は、それ以前の話を、シンプルにしてくれたのだ。要は「素材である」と。

これは、スポーツの指導の世界でも同じなのだ。

アメリカでコーチを生業とする者にとって、最も必要な能力は、「良い選手をリクルーティングする能力」である。これは、アメリカでは常識である。どこのコーチに聞いても、おそらくトップの項目に上がってくるはずだ。

日本のコーチに聞いてみたらどうなるだろうか。自分の指導方針を懇切ていねいに語り出すだろうことが、容易に想像できる。

「指導者が、自分の指導方針を元に選手を育て上げる日本」

と

「指導者が、(日本に比べ) 素材選びや、それを入手することに時間をかけ、素材の能力を生かした育成をするアメリカ」

どちらが良いと言っているのではないが、どちらがより合理的手法かと言われれば、それは、間違いなく後者である。

充実した指導者育成システム

日本とアメリカ、双方のスポーツの話を深くすればするほど、その差を痛感することが多く、悔しく思う。そのなかで最も悔しいのは、「アメリカで、スポーツやそれを取り巻くビジネスがうまく回っている展開図」が、誰かにデザイン、あるいはインストールされて運用されているというわけではなく、「合理性」というキーワードの下に、自然にそれが成り立っていることである。

「いいなぁ〜、すばらしいシステムだなぁ〜。日本にもあれば良いのにな〜」と思うことを掘り下げて、その理由や歴史を辿っていくと、その理由のほとんどは、国民性でも体の大きさでもない。シンプルに合理性を追求しただけなのである。

指導者育成システムも、合理性の下でスポーツがうまくビジネスとして成り立っていることの一例だ。システムと呼んでしまっているが、ここでのシステムという言葉は、「機会（＝チャンス）」と変換するほうがしっくりくるのかもしれない。

アメリカには、たとえプロではなくても、さまざまなレベルで、指導者が成長するチャンスや、成長に直結する刺激を受ける機会が多い。私の経験上、日本のそれとは比較するにおよばない。

加えて言うなら、アメリカの指導者育成システムを、日本的な制度・体制としてとらえてはならない。日本のそれのように、「この資格を得るためには、この研修を受けなければいけない」などといったものではなく、合理性の下に生まれた成長の機会という船に、それを得たい人が飛び乗っているだけなのである。

代表的な指導者育成システムを、二つ紹介しよう。

AFCA（米国アメリカンフットボール・コーチ協会）

全米中のあらゆるレベルのアメリカンフットボールコーチが加盟しているＡＦＣＡ(American Football Coaches Association）という団体がある。１万２０００人を超えるメンバーのなかには、10億円近くの年俸を稼ぎ出すコーチから、近所の子供を集めたチームをボランティアでコーチする指導者までがいる。なりたてのアマチュアコーチから、プロ中のプロまでもが加盟する巨大組織だ。

そのＡＦＣＡが年に一度開催する、"AFCA Coach's Convention"というイベントがある。これこそが、指導者を育成する合理的なシステムなのである。

コンベンションとは会議・集会・大会を意味する単語であるが、その名の通り、全米からこの団体に加盟しているコーチが集まる、大規模なミーティングである。2017年の1月初旬、言うなれば、2016年度を締めくくるコンベンションが、テネシー州はナッシュビルで開催された。MLBのウィンターミーティングの会場にもなる巨大な会場には、それにも負けないぐらいの巨大なホテルが隣接している。2017年は、7000人以上の参加者があり、同伴してきた家族などを含めれば、約1週間の開催期間中に、1万人以上が会場を訪れたことになるであろう。

それだけの人が集まっていったい何をしているのかというと、大きく三つが挙げられる。

①情報共有＝勉強＝指導者としてのスキルアップ

プログラムが記載された冊子が廃止され、アプリでの閲覧になったスケジュールには、大小の会議室に、さまざまなレベルのコーチがアサインされている。そこで、前年度の自分の戦略をあます所なく出席者たちに公開・指導するのである。つい先日まで採用していた戦略を惜しげもなく公開する、まさに「情報今日言う」である。

あまりにも興味深い講演が多く、時間が重なるものが複数出てくるほどである。我々アシスタントコーチのコンベンションでの仕事は、ボスが出席したくてもできない講演に行き、代わりに内容を聞いてくることだったりする。

これだけではない。金曜日から翌週の水曜日までの食事の機会のすべてにおいて、有名コーチのスピーチ企画が開催される。

いやがおうにも、指導者としてのスキルを学ばずにはいられない数日間になっているのだ。繰り返しになるが、参加して驚くのは、日本人なら隠すであろう成功の秘訣を、いとも簡単に、披露してしまうことである。シーズン中に、テレビや対戦相手を見ていて、「これはどういう戦略、どういうテクニックなんだろう…？」と思っていたことの答えに、このコンベンションで出会うこともしばしばである。

②ネットワーキング

「アメリカはコネ社会である」。こんな言葉を聞いたことがないだろうか？

メジャーリーグを中心にエージェントとして活動している私の友人が、こんなおもしろい表現をしていた。「日本のプロ野球の一軍で、一人のピッチャーの欠員が出たとしよう、そのとき、日本の野球界で、その一人を埋める候補となる、下部組織のピッチャーは、10人いるかいないかぐらいだろう。アメリカは、そこに100人以上いるんだよ。だから、コネが必要なんだ。つまり、このコーチに教わったなら、とか、このチームで活躍したなら」と。コネがないと、見てもらうチャンスも与えられない」。大いに納得である。

とかく悪くとらえられがちなコネであるが、これは、コミュニケーションなくして生まれないものだ。コーチの世界では、一緒に働いた経験を通してコネが成立することが多いのだが、一緒に働いた仲間が、彼らの同僚とコミュニケーションを取ったときにも、コネは生じる。結び付きとしては前者のほうが強いのは当然であるが、同僚や、その元同僚を通してのネットワーキングが多く行われているのも、このコンベンションの特徴である。

会場となるコンベンションセンターやホテルも、それを狙っているかのように、ありとあらゆる場所に特設したコーヒーショップやバーで、コミュニケーションが進みそうな飲み物を提供している。

③就職の機会

就職の機会（Job opportunity）が提供されるのも、このコンベンションの特徴である。

会場には、求人や求職の情報を交換するボードが常設されている。求人側からのコーチとして必要な経験やスキル・就業に関する条件などと、求職側からのレジュメ（履歴書的なもの）が、ところ狭しと並べられている。

そのほとんどに、会場にいる、求人側のキーマンの携帯電話の番号が書かれている。双方興味があれば、ホテルの部屋や、コーヒーショップ、バー、時には道端で、すぐに面接が始まる。

COOL・クリニック

毎年5月の3週目の週末、オハイオ州はシンシナティのホテルでCOOL・クリニックと呼ばれる集会が開催される。「クリニック」はスポーツイベントで使われる場合、何かを教える

ことを指す言葉だ。COOLというのは、協力することを意味するCOと、アメリカンフットボールのポジションの一つであるオフェンス・ライン（＝OL）を組み合わせた造語である。COOL・クリニックというのは、オフェンス・ラインという、アメリカンフットボールという競技のなかでもマニアックなポジションの指導者だけを集めた、勉強会なのである。

たとえて言うなら、野球では捕手、サッカーではディフェンダーだけを集めた、指導者へのコーチ研修会のようなものと言えよう。このように、特定の領域に限定された勉強会が毎年開催されているのである。

前述のAFCAコンベンションと同じように、興味がある指導者であれば、小さな子供を教えている指導者からプロレベルのコーチまで、誰でも参加可能である。ここでも、前年度良い成績を出したコーチや、戦術的に優れているコーチがゲストスピーカーとして招聘され、彼らの秘密というべき戦術や指導法が余すところなく共有される。

このような指導者が成長できる機会が、ここアメリカでは、競技の数、いや、競技のポジションの数だけ存在すると言っても過言ではない。水泳でも、陸上競技でも、それぞれのオフシーズンに、それぞれの規模で、このような活動が行われている。
日本はどうだろう？ このような機会が少なからず存在していることは認知している
し、それぞれの立場で、それぞれの人が、弛みない努力をしていることにも敬意を表して
止まない。しかし、ここまでの機会があるとはとうてい思えない。

女性指導者

アメリカの指導者と日本の指導者の違いをマクロに考察してリストにまとめたことがある。そのリストのなかで一際目立っていたのが、女性指導者の多さだった。アメリカで、これを語るのには、それを知らずにはいられない単語が一つある。タイトル・ナイン(TITLE IX）である。簡単に紹介しよう。

タイトル・ナインというのは、1972年に成立した連邦法である。学生、主に政府から援助を受けている教育機関（ほぼすべてになると推測できる）において、性別に基づいた差別を禁止している。

もちろんこれは、学校を母体として活動するすべてのスポーツに適用されるものであり、

ＮＣＡＡでも、すべてのスポーツにおける基本方針の一つとなっている。以下にその具体例を挙げてみよう。

・原則として、学校がオフィシャルにサポートするすべての競技には、男女のチームを設ける

たとえば、男子バスケットボール部がある学校には、必ず女子バスケットボール部が必要となる。同様に、男子野球部がある場合には、女子ソフトボール部。ただし、アメリカンフットボールなど、競技特性による例外はある。

・奨学金やサポート制度など、学生アスリートの扱いを平等にする

たとえば、男子の競技と同等数の奨学金の枠を、女子の競技にも用意することが求められる。

カリフォルニア州であった話である。女性職員が、女性用ロッカーが男性用ロッカーに比べて、古く使いにくいことに改善を求めていた。しかし、数年間にわたって、口頭や文

書で伝えていたにもかかわらず、学校側は、なかなか改善の措置を施さなかったそうである。

ここで、学生アスリートが使用するロッカーの工事に伴い、その女性職員用のロッカーを学生アスリートが使用することになったのだが、その学生のうちの一人が「これは、タイトル・ナインに抵触する」と学校側に訴えた。すると、学校側は、直ちに新しいビルのなかに女性用ロッカーの建設を始めたそうだ。学校側の対応はどうかと思うが、アスリートたちを抱える学校側が、タイトル・ナインに対して、いかに敏感な対応をするかが、うかがえるエピソードである。

日本と比較して、女性が会社組織の要職に就く機会が多かったり、結婚・出産後も社会で活躍する女性が多いここアメリカでは、当然と言えば当然の法律である。

タイトル・ナインを踏まえたうえで女性指導者の数が日本より多い理由を考えると、次のようになるだろう。

1．女性が活躍できる土壌がある

結婚していても、子供が何人いても、社会で活躍できる環境がある。これは、タイトル・ナインを筆頭に、明確な社会のルールが整備されていることによる。

2．指導者としての職がある

女性アスリートの数が多いため、必然的に女性指導者のニーズも増す。その結果ますます女性アスリートが増えるという好循環が生まれ、プロとして食べていける枠が増えている。

3．スポーツ全体に回るお金が、日本とは桁外れである

男性のスポーツと比較して、ビジネス規模の小ささは否めないが、トップランクの女子バスケットボールコーチの年俸は、１億円を上回る。

とらえ方はそれぞれあるだろうが、この分野において、日本は完全な発展途上国である。我が国にとって大きな課題である女性の社会進出が、ビジネス・教育をはじめ、あらゆる分野で進歩が見られるようになってきたことは言うまでもない。しかし、スポーツに関しては、「おいてけぼり」なのである。

体罰問題

指導者についてお伝えしたいことの最後に、日本の指導者、いや、日本のできるだけ多くの方々にシェアしたいことがある。

私が、人生の、そして指導者の「師」と仰ぐ人物のうちの一人に、D・J・ダーキン（D.J. Durkin, 以下ＤＪ）というコーチがいる。彼とは、ここスタンフォードで3年間、一緒に仕事をさせてもらった。たしか、4つか5つ年下であるが、彼からはコーチとして、数え切れないほど多くのことを学ばせてもらった。

彼のコーチング・スタイルを一言で表すなら、それは熱血である。「大きな声で熱心に指導する」が彼の基本姿勢であるが、言葉や声のトーンをうまく使い分ける、言葉と態度の魔術師のような指導者である。特に、怒ったときには、身振り手振りを駆使し、大きなアクションでその怒りをプレイヤーに伝える。怒られている当事者でない私でさえ恐怖を感じるほどである。

「烈火のごとく怒るという言葉は、この人のためにあるのではないか？」と思わせる怒り方をするときがある一方で、小さな声でにらみつけながら怒るときもある。ミーティングでは、声のトーンを少し下げて、論理的に物事を説明する。今となってはただの笑い話であるが、彼と働き出した最初の数週間は「この人は精神を病んでいるのでは……」と疑ったほどである。しかし、それが彼の指導者としての高等なテクニックであると理解するまでに、そう時間はかからなかった。以下は、思い出すのも恥ずかしい、ＤＪのことを理解する前に彼と交わした会話である。

ＴＫ：ＤＪ、おまえ、本当に自分を見失うぐらい怒るな……笑
ＤＪ：本当にそう見えるか？
ＴＫ：見える
ＤＪ：良かった。俺の指導方法は間違ってない。第三者がそう思うぐらい、俺が怒っている、つまり、そういうこと（プレイ）をしてはいけないことが、プレイヤーに伝わってるってことだろ？
ＴＫ：……

勘の良いＤＪは、私がこのような指導スタイルを見たことがないと感じたのか、続けて質問してきた。

DJ：日本のコーチは、プレイヤーがミスしたとき、またはしてはいけないことをしたときに、どうするんだ？

TK：言うのも恥ずかしいが、まだ手を出す指導者もいる

（じーっと考え込むDJ。少なくとも30秒はあった）

DJ：同じ指導者として恥ずかしい！　日本人のコーチには、言葉で言って聞かせるコミュニケーション能力がないのか？

TK：……（返す言葉も見つからず、沈黙）

DJ：それじゃあ、犬や猫と一緒じゃないか！　やつらは、自分の思い通りにいかないから、噛み付いたりひっかいたりするわけだろう？　しかも、自分が指導した、愛すべきプレイヤーに手を上げるなんて……。理解できない。自分を傷つけているのと同じ行為だ

ガツンと頭を殴られる、とはこのことを言うのだろう。一度や二度ではない、彼の繰り出す一つひとつの単語に前から後ろから横から、何度もガツンとやられてしまった。

私には、このストーリーで特筆したい、いや、恥ずべきことが二つある。

1．アメリカで体罰や指導者による暴力行為が少ないのは、訴訟国家だからだと思っていたこと。真実を目の当たりにしたときの自分を恥じる気持ちは、今も昨日のことのように覚えている

2．何年も指導者として活動していたのにもかかわらず、コーチの能力で最も必要となるのはコミュニケーション能力であり、それはテクニックであると理解していなかったこと。自分のやっていることを論理的に理解してから行うのとただ行うのでは、まったく効果が違うはずだ

読者のみなさまにお願いがある。前述した私とDJとの会話、もしくはその要約を、より多くのスポーツ指導者にシェアしていただきたい。

また、どんな競技でも、どんなレベルでもいい。自分の愛すべき教え子に手を上げるような指導者が近くにいたとしたなら、問いただしてほしい。その行為は、自分が指導した結果に対するものであり、自分の指導者としての能力に向けて刃を振り下ろしていること

になる。つまり、自分を傷つけている行為となんら変わりないことを。

さらに、教えてあげてほしい。神様が人間だけに与えてくれたと言っても過言ではない、コミュニケーション能力を駆使して解決する別の方法があることを。そして、それを磨くことが、指導者としてしなければいけない努力のうちの一つであることを。

スポーツ医療

スタンフォードの先進的なスポーツメディカルチーム

ウェイトトレーニング。スポーツに馴染みのない方も、耳にしたことぐらいはあるだろう。私のように昔からこの言葉に慣れ親しんだ人間には、身体のどこかがむず痒いが「筋トレ」とかいう表現が、日本ではもう少し一般的なのかもしれない。

現在、アメリカにおいて、特にアメリカンフットボールの現場でのウェイトトレーニングは、大きく二つに分かれている。一つは、パワーをつけ、身体を大きくするためにするトレーニングである。多くの場合、より重いものを、より多くの回数持ち上げることが目的のメニューが組まれる。いわゆる「筋トレ」は、こちらを指す言葉のように思う。

もう一つの種類のウェイトトレーニングがどのようなものか、想像できるだろうか？それは、「外傷予防（Injury Prevention）」と呼ばれる、けがの予防にフォーカスしたトレーニングである。簡単に言うなら、ストレッチや、身体のコアを使った動きを多く取り入れたトレーニングと、説明できる。これは、我々スタンフォードでも取り入れている方法であり、けが人の減少という観点で言うと、すばらしい効果を発揮している。

アメリカンフットボールは、日々のトレーニングを通じてけがの予防に取り組んでいても、コンタクトスポーツであるがゆえに、日常的に外傷が発生する。それをケアするのが、「スポーツ医療（Sports Medicine）」と呼ばれるチームである。スタンフォードのアメリカンフットボールチームの場合は、以下のような構成になっている。

・スポーツ・メディカル・ドクター（10人前後）
スポーツ・メディカル・ドクターを日本語で表現するなら、スポーツ専門の医者である。スタンフォード大学病院に所属する、膝の世界的権威のヘッドドクターを筆頭に、首、肩、膝、あらゆるパーツに対する専門のドクターが所属する。おそらく、世界一のスポーツ・メディカル・ドクターのチームである。

・メディカル（アスレチック）トレーナー（8名）
日本では、トレーナーと呼ばれるのが一般的であろう。テーピングを巻いたり、ストレッチのサポートをするなど、医療行為ではないが、それに近いサポートをするスタッフである。

・フィジカルセラピスト（3名）
リハビリの専門家。主に、手術後の選手のリハビリを担当する。

・ストレングスコーチ（6名）
ウェイトトレーニングの専門家である。厳密に言うとスポーツメディカルのチームの一員ではないのだが、リハビリ後半の筋力回復、特にフィールドでのリハビリを始める段階で、彼らが大きな役割をはたす。

十年来の膝の痛みが1週間で

私は、2014年の春から夏にかけての約3カ月で、10キロの減量を成し遂げた。理由はシンプルで、走れるようになったからである。今まで膝の痛みでジョギングさえできなかったのだが、スタンフォードのスポーツメディカルチームのトリートメント（治療）によって、ジョギングができるようになった。その春、私は隔離されていた檻から放たれた仔犬のように、スタンフォード大学周辺の野山を駆け巡ったのである。

2003年に膝のけが（2度の手術を経験）が理由でアメリカンフットボールの選手生活を終えてからというもの、それが理由で走ることさえもできなかった。ウォーキングやジムでのトレーニングなどは続けてきたが、ここ数年、その痛みは悪化の一途をたどっていた。2014年の春のシーズン終了後にトレーナーに相談したところ、アメリカンフットボールチームのドクターを紹介してくれた。

世界的に有名で、スポーツメディカルの権威と言われる彼が、スタンフォード大学病院の世界最先端の技術を駆使して、見たこともないような機材でレントゲンを撮ったり、今までは映すことができなかった角度や高解像度のMRI画像で私の不治の病を診断してくれるのだろうと、私は喜び勇んで最初の診察を受けに病院に向かった。ところがドクターは、いくつかの質問と簡単な触診をしたのみで、こう言った。

「レントゲンやMRIを撮る前に、ちゃんとトレーニングして筋力を戻そう。次は来週、リハビリセンターで会おう」

これを「拍子抜け」と言わずして、何をそう言うのか。次の週、期待度という名のハードルを少し下げて、オフィスの向かいにある、学生アスリート専用のリハビリ施設へと足を運んだ。この場所の存在は知ってはいたし、何度か受付までは入った経験があるが、無理やり醸し出しているのではないかと思うくらい空気が重く、また敷居の高そうな雰囲気の空間で、具体的に何が行われているのかを見たことはなかった。

受付をすり抜けてなかに入ると、ドクターたちのオフィスがいくつも並んでいて、その一番奥にある彼のオフィスらしき場所に通された。なかにはすでに数名、おそらく彼の弟子であろう雰囲気を漂わせた、頭の良さそうな人たちが私を待ち構えていた。

日本に西洋医学が伝来した史実から考えると、日本の医学用語、とりわけカタカナで表されるような単語のほとんどがドイツ語読み、ドイツ語の発音であるのは仕方がないことだ。ただ、アメリカで生活している日本人にとって、これは大きな障壁となる。ドクターやメディカルトレーナーと話をする際、つまり、医学用語を用いた会話をするときに、聞いたこともないような専門用語が、自分が耳にしたことのない発音で飛び交うため、理解に苦しむことになるのだ。

単語の理解に苦しみながらの診察でうかがい知れたことは、ドクターが周りの弟子であろう医師たちに詳細な指示を出していること。そして、最初は気づかなかったが、一人だけ白衣を着ていない人物がいて、彼にも細かい指示を出していたことである。

その彼への指示には、「マッスル・リカバリー・リハビリ」など、なんとなく耳慣れた言葉が含まれていた。そしてドクターは、「あとはフロイドとやり取りしてほしい。2カ月後くらいに、また会おう」と、先程の白衣を着ていない男性を指差した。

ドクターのオフィスを出た後、そこに併設されているトレーニングジムのような場所に案内され、そこで少し待たされた。5分もしないうちにフロイドが、私個人のために作成したトレーニングプログラムをプリントアウトして戻ってきた。

その後ここで行われたやり取りは、彼がリハビリのプロフェッショナルであることと、彼を信頼してそのプログラムをやれば、私の膝の状態が改善の方向に向かうことを確信するのに十分なものであった。


彼は、私にドクターからのオーダーとその理由を完璧に説明してくれ、私は次のことをすぐに理解した。
・フロイドは「フィジカルセラピスト」であること
・私の膝は、手術後のメンテナンスが不十分であったと推測されること

・膝の周りの筋力を回復させ、どれだけ改善が見られるかを経過観察する方針であること
・経過観察の後にレントゲンやMRIを撮るほうが、コスト面を考えると効率が良いこと
・ドクターと相談して、どの筋肉をどれだけ回復させるかの目標数値を設定したこと
・それに向けたトレーニングメニュー

その後私は、フロイドの作成したメニューを、彼のインストラクションの下で一通り行った。そのメニューには、「この筋肉をこのように鍛えるのか」とか、「こんな場所の筋肉の回復が、膝の痛みと関係あるのか」と驚くようなものが多く、まさに「目から鱗」であった。

それは、決して大きな筋肉を鍛えるときのように重い負荷をかけるものではなく、軽度のストレスを多めの回数かけていくタイプのトレーニングだった。だから、すぐに結果を求めることはできないだろうとその場では感じた。しかし、その施設と彼の言動を含めた環境を通じ、「この人の言うことを聞いていれば、良くなるだろう」という「信頼」と呼ぶにふさわしい関係性を、ものの20分で築くことができた。

すぐに結果を求めることはできないだろうという予想に反して、1週間もしないうちに効果が出た。オフィスの階段を上っていたとき、いつものような痛みを感じないことに気づいたのである。それを再確認するために、上った階段を下りて、もう一度上ってみた。するとやはり、いつも上るときに強く感じる負担がなくなっている。私は、急いでフロイドに連絡を入れた。

TK：フロイド、ありがとう。痛みが和らいだよ。俺の膝に麻酔でも打ったのか？

F：打たれた覚えがあるか？（笑）

TK：ないから聞いてるんだ。とにかく、すごく効果が出ているよ

F：良かった。あと2週間はそのままの負荷で続けてくれ。その後は、もう一度ミーティングをしてメニューと負荷を変えていこう。筋量が増えてきたら走るメニューを入れていくかもしれないけど、当分は無理して走ったりしないように

プロの彼は、わかっているのだと感じた。私のような患者が、すぐにでも走りたくなるような衝動を覚えることを。ジョギングは、その後3週間くらいでできるようになった。

フロイドやドクターのアドバイスもあり、筋肉の回復期に最適なたんぱく質中心の食事に変えたことも功を奏し、体重はみるみるうちに減少していった。

分業による完全かつ完璧なケア

2007年にスタンフォードで働き始めてからの11シーズン、衝撃を受けたことが数え切れないほどあると、今まで何度もお伝えしてきた。さらに一つ、「けが人が驚くほどのスピードで復帰してくること」を挙げたい。

今までは、コーチという立場からトレーナーの報告を受けていただけで、「復帰が早いなぁ」という印象しか持っていなかった。しかし、図らずも自分がその「けがからの回復オペレーション」の中心に、患者というかたちで入ったことによって、その全容が明らかになった。

たとえば、ここに不幸にも骨折をした学生アスリートがいるとする。

すると、次のようなプロセスで、それぞれのメディカルスタッフが、関わっていくことになる。

1.「メディカル・ドクター」による診療・オペ
2.「フィジカルセラピスト」による初期リハビリ
3.「ストレングスコーチ」による競技に復帰するためのリハビリ

これらのすべてに伴う痛みのコントロールや、体のメンテナンス、コーチへの報告などのマネジメントは、「メディカルトレーナー」が統括する。それぞれのプロがそれぞれのフィールドでプロフェッショナリズムを発揮する、完全かつ完璧な分業制と表現できるだろう。

私は他の学校や団体に所属したこともないし、その手の調査をしたわけでもないので、一事が万事とは言い切りたくはないが、他の大学や高校から入学してくる学生たちの話を総合すれば、アメリカではあらゆるレベルで、このような、またこれに似たオペレーションが行われているとみて間違いない。

変な表現になるが、蜜に群がる蟻のように、けがを負った一人の学生アスリートに対して「よって・たかって、いろいろなプロがケアをする」さまは、日本のスポーツ界で仕事をしていたときには想像もできなかった。

私が選手として日本に暮らしたのは10年以上も前の話なので、現在は多少良い方向に変わってきているかもしれない。しかしここ数年、スポーツ関係者とのやり取りを通じて聞いた話からすると、日本のスポーツ医療は、スタンフォードで行われているようなオペレーションにとうていおよばないだろう。

私が、この一連のアスリートのけがとその回復に関するオペレーションを経験して真っ先に考えたのは、「日本のアスリートは、このようなケアを受けるチャンスがあるのか」である。残念ながら、その可能性は低いだろう。

リオオリンピックに関連して言えば、日本のスポーツ界にスタンフォードくらいのスポーツメディカルの仕組みがあれば、出場者もメダル獲得数も、もう少し増えていたのではないかと推察できる。少なくとも、実力はあるのにけがで代表選考を断念した選手や、本領を発揮できなかった選手が減ったであろうことは、間違いない。

絶対的に足りないのは、それぞれの分野のプロフェッショナルであり、それを育成できるシステムであり、それらの人材がプロフェッショナルとして仕事をするためのマーケットである。平たく言えば、お金である。

日本のスポーツ界には絶対的にお金が足りないがゆえ、一人が二役も三役もこなさなければならない。アメリカでどんなに一生懸命トレーナーの勉強をして日本に戻っても、トレーナーだけでは仕事にならず、ストレングス&コンディショニングコーチの仕事もこなさなければならない。こんな話を聞くことは、日常茶飯事である。そもそも、日本では、それらの違いすら認識されていない。

スポーツメディカルチームのスピード感

世界でもトップクラスである「スポーツメディカルチーム」が、けがをした学生アスリートをよってたかって、ケアするさまを、そのスピードにフォーカスして紹介したい。

【仮定】9月3日（土）13時

あるアメリカンフットボール選手が、キックオフのゲーム前半に、足首に軽度の骨折をした

【PHASE1】9月3日（土）
受傷後、すぐに足首専門のドクターの診察をフィールドで受ける。スタジアム内に設置されているレントゲンにて、骨折箇所などの詳細を診断
※スタジアム内にレントゲン施設を設置するルールがある
【PHASE2】9月4日（日）
午前中にトレーナールームで腫れの具合などをチェックした後、スタンフォード大学病院にてMRI検査。骨折箇所周辺の詳細チェック
【PHASE3】9月5日（月）
8時より手術開始。14時には帰宅
【PHASE4】9月6日（火）
学生アスリート専門のリハビリ施設にて、リハビリ開始

【PHASE5】9月13日（火）
1週間前後で松葉杖からブーツへ
【PHASE6】9月26日（月）
手術から約3週間後にランニング開始。その後アメリカンフットボールの実戦的なリハビリ開始
【PHASE7】10月1日（土）or 8日（土）
競技復帰

以上のように、アメリカでは一般的にマイナーな（＝軽度の）足首の骨折であれば、4～6週間での競技復帰が見込まれる。

競技特性があること、そして、けがの数だけ、人の数だけケースが存在することを考えると、一事が万事とは言いがたいところもあるが、私が知っている日本のスポーツ医療と比較すると、そのスピード感には比較対象とするのを躊躇するくらいの差が存在する。

歴史的背景も手伝ってか、日本にはむだに選択肢が多い。親の勧める接骨院、指導者の勧める整体院、街で評判のスポーツドクター、チームメイトがお世話になっている鍼灸治療院、チームが契約しているマッサージ治療院……。どれが良いわけでも悪いわけでもないし、それぞれに優秀な治療のスペシャリストが存在することもわかっている。しかし、日本のアスリートがけがをすると、その選手、そのけがにとって何が復帰までの最短経路であるのかがすぐに判断できず、治療方針が決まるまでに時間がかかってしまう。

生き方、学業、スポーツの選び方、働き方、すべてにおいて日本よりもはるかに多い選択肢が存在するここアメリカ。だが、スポーツ医療においては、担当のドクターとトレーナー、フィジカルセラピストが提案する治療方針以外の選択肢は、ほぼ存在しない。

もちろん選手の状態や選手生命を鑑みると、アメリカのスポーツ医療が最善であると一概に言えないことは承知のうえであるが、このようなシステムが、選手やチームの競技力、ひいてはこの国全体のスポーツの競技力を向上させ、オリンピックでの獲得メダル数を増加させていることは、容易に想像できる。指導者として、日々、それを実感している。

日本のスポーツ医療の課題

中学生や高校生の有望な若きアスリートがけがで才能を発揮できないという、このうえなくつまらないことをさけるためにも、メディカルトレーナーやフィジカルセラピストなどが活躍できるようなスポーツメディカルの仕組みをつくり上げること。これは、数え切れないほどある日本スポーツの課題の重要な一つであると私は考えている。

歴史的背景や島国という地理的条件もあり、和洋折衷な医療・治療のシステムが存在する我が国では、選択肢がむだに多い。一方、アメリカでは、プロのドクターが「手術」と言えば手術を受け、「まずはリハビリから」と言えばリハビリから始めるのである。そっくりそのまま真似することは難しいだろうし、必ずしもそれが日本人にフィットするとも思えない。しかし、アメリカのスポーツメディカルが、日本のそれよりはるかに進んでいることだけは、確固たる事実として言える。

すべての創造は模倣から始まる——。

まずは、アメリカのスポーツ医療で何が行われているのかを正しく把握することから始めて、それを日本人に合うような仕組みへと変化させることが急務なのではないだろうか。

脳震盪問題

スタンフォードでは、絶対に起こらない事故

２０１６年、日本のアメリカンフットボール界に大きな衝撃が走った。関西のある高校で、アメリカンフットボールをプレイしていた高校生が亡くなったのである。試合中のコンタクトによる脳・頭部へのダメージが直接の死因だったようだ。たらればで終わるような問題ではないが、アメリカ、少なくとも、ここスタンフォードのアメリカンフットボール部だったならば、絶対に防げた事故である。

４回の脳震盪で引退を決意したＡＪ

一つ具体例を紹介したい。

アメリカンフットボールの元プロ選手に、Ａ・Ｊ・タープレイ（A. J. Tarpley, 以下ＡＪ）という男がいる。スタンフォード大学出身で、２０１６年、ドラフト外入団ながらＮＦＬのバッファロー・ビルズで活躍したこの選手が、２０１７年のオフシーズン、つまり１年目のシーズン終了後に引退を表明した。

ＡＪは２０１０年にスタンフォード大学に入学後、２０１４年のシーズンまで5シーズンにわたり、チームの、特にディフェンスの中心として活躍した選手である。言葉でチームを牽引するというよりは、行動、つまり「背中で人を動かすタイプ」の選手であり、私を含む日本人が好むタイプのリーダーだった。大学生活最後のシーズンにはチームキャプテンに選出され、リーグの優秀選手にも選出された。

２０１５年のＮＦＬドラフトで、我々はＡＪの下位での指名を期待していたが、結果的にどのチームにも指名されることなく、ルーキーフリーエージェント（ドラフト外入団選手）としてバッファロー・ビルズというチームに入団することになる。

ドラフト直後のルーキー向けのキャンプや、ベテランが参加してのキャンプでも彼の堅実なプレイは評価され、狭き門である53名のファイナルロースターに名を残した。これは日本の野球界で言えば、ドラフト外で入団した選手が開幕1軍の座を手にするくらい難しいことである。開幕後も、スターターではなくとも、ローテーションメンバーとして活躍を続けたＡＪは、チームの誰もが期待していなかった好成績を収め、複数年契約を手にしてルーキーシーズンを終えた。

その将来を嘱望された彼が引退を表明した理由は、脳震盪である。

脳震盪は、コンタクトスポーツには付き物のけがである。私が日本にいる頃、脳震盪は大きく取り沙汰されるようなものではなかった。しかし、2007年にアメリカにきてからというもの、日本との比較論なのかもしれないが、「少し過剰ではないか？」と思うくらい、その疑いのある選手をケアしたり、休ませたりする様子を見てきた。つまり、プレイを制限するのである。

それから約10年、脳震盪についての研究はさらに深く進み、ケアの仕方や、ケアの仕方を決めるためのツールなども多く生まれてきた。

それと並行して増えてきたものがある。AJのように若くして引退する選手だ。私が知っているだけで、NFLではここ3年で4人がそれに該当し、さらに言えば、AJも含めそのうち2人は1年目のオフに引退の決断をしている。

現在のアメリカのフットボール界における脳震盪と選手引退との関連について、私の認識をみなさまにシェアしたいと思う。驚く方もいらっしゃると思うが、以下が一般的な事実である。

「選手としてプレイし始めたときからカウントして、3回目、もしくは4回目の脳震盪があった時点で、医師から引退の勧告、もしくは引退の勧めを受ける」

程度にもよるが、軽度であっても医師によって脳震盪と診断されれば、それは1回としてカウントされる。もちろん、選手によっては引退勧告の文字がちらつき、その症状を隠すようなケースもある。実際、AJも2016年のトレーニングキャンプ中、ロースターに残るか残らないかの瀬戸際で、人生3度目の脳震盪を隠したという。

2017年の2月、AJはシーズン終了後にスタンフォード大学のキャンパスに戻ってきて、オフシーズンのトレーニングに励んでいた。昨シーズンの、バッファローでの生活などを楽しそうに話していたのを強く記憶している。思えば、その頃は引退について悩んでいたのだろうし、オフシーズン中のトレーニング場所を母校に選んだのも、長く付き合ったトレーナーやチームドクター、コーチングスタッフに相談できるのが大きな理由だったのであろう。

引退表明後も、しばらくの間キャンパスに滞在していた彼と話をする機会があった。

ＴＫ：残念だけどＡＪの決断を尊重するよ。なかなか勇気がいる決断だったな

ＡＪ：いや、そうでもないよ。アメリカンフットボールをやめた後の人生のほうが長いからね。それに、１年プレイしてみて思ったんだ。あのクレイジーな世界（ＮＦＬという身体能力やサイズに優れた選手が多いリーグ）で、サイズ的不利をカバーするためには、思い切り自分の体を投げ出すことが必要なんだ、と。人生４回目、つまり、プロに入ってから２回目の脳震盪でドクターと話したとき、「俺には、その勇気を継続する自信があるのか？」って思ったんだよ。そう思う時点で、それに対する覚悟ができてないことに気づいたんだ

ＴＫ：４回目？　誰かから３回目って聞いたぞ？

ＡＪ：３回目を隠したのも、引退の一つの原因なんだ。隠さないとやっていけないなら、長く続くわけがないだろ？

ＴＫ：それもそうだな……

コンカッション・スタディー

実はこの脳震盪（コンカッション）、我々スタンフォード大学のアメリカンフットボール部にとって、非常に身近な存在でもある。5、6年ほど前だったか、練習前のミーティングで、ヘッドトレーナーから「新しいマウスピースについて」のインストラクションがあった。

要するに、スタンフォード大学病院でコンカッション・スタディーをしている研究室と共同で、センサーを内蔵したマウスピースを使用してデータ収集を行い、そのデータを脳震盪の研究に役立てるというものだ。

その後も、毎シーズン、新しいタイプのマウスピースやショルダーパッドに内蔵する形のセンサーなど、数多くの手法で、我々はその研究の一端を担ってきた。2017年も、春シーズンに新しいタイプのマウスピースが紹介されていた。このマウスピースには、インテルの高機能プロセッサが内蔵されているそうだ。マウスピースにも、「インテル入ってる」のである。

こんなところにも、アメリカの合理性が垣間見える。

コンカッション・プロトコル

アメリカで、特にコンタクトスポーツに携わっていると、コンカッション・プロトコルという言葉をよく聞く。受傷した日から、完全に競技や練習に復帰するまでのプロセスを表したもので、脳震盪の程度にもよるが、一般的には約1週間かけて経過を観察しながら復帰に向けたアクティビティを行うこと、またはその手順を意味する。

そのなかには、先程ふれたコンカッション・スタディーで得られた内容が多く反映されており、トレーナーや医師たちは、この観察や指導に本当に慎重になっている。また、受傷した選手やコーチングスタッフも、医療スタッフやトレーナーに全幅の信頼を置いていることを見守っているのが、いつも印象的である。

さて、日本ではどうだろうか？　主観の域を出ないが、国技と呼ぶにふさわしい相撲や野球、サッカー、最近人気であるラグビー、私が愛して止まないアメリカンフットボール。これらの競技はどれもコンタクトが多いか、もしくは脳震盪の発生の可能性が否定できないスポーツである。

各チームのドクターやトレーナー、指導者たちは、選手の将来を考えたうえで、そして十分な知識や経験を備えたうえで対応しているだろうか？　後先のことを考えず、一心不乱に何かに打ち込む姿や、けがをおしてまでも一つのことを最後までやり切る姿が美談化される風潮が残る日本という社会。今日もどこかで、彼や彼女の将来に重大な悪影響をおよぼすような脳震盪が見すごされていないか、心配である。

メディア

2017年、2月5日にテキサス州ヒューストンで開催された第51回スーパーボウルを観戦した。正確に言うなら、仕事をしながら観戦してきた。ここ数年、日本テレビの中継アドバイザーとしてスーパーボウルに参加しているが、そのなかでも本年は最高にエキサイティングなゲーム内容であった。チケットの定価の最安値が約10万円、観客数7万人、約1・1億人が視聴（平均値）し、視聴率の平均は48・8％。これらの数字がこのイベントを物語っている。日本でもよく話題になる、テレビCM30秒あたりの料金は、5億円とも6億円とも言われている。まさに、世界最大の国民的スポーツイベントである。

ゲームの約1週間前に現地ヒューストンに入った私の仕事のメインは、アナウンサーと解説者、いわゆるコメンタリー陣のサポートである。つまり、メディアの一員としての活動だ。一日あたり200人という、ものすごい数のメディアが世界中から集まるこのビッグイベントを具体的な事例に、スポーツとメディアの関係について紹介しよう。

アメリカのメディア環境

①選手とコーチ

（いくつかの例外を除いて）いやな顔一つせず、ていねいに一つひとつの質問に答えていく。普段から取材に慣れ、選手もコーチもメディア対応のトレーニングをしっかりと受けている。

②チームのメディアリレーション担当

チームはメディアリレーション担当というメディア対応の専門家を置いている。彼らがすばらしい働きをする。時間の仕切りを中心に、表に出ないようにしながら、その場をコントロールしている。

最も印象的だったのは、「報道してもらう立場である」という姿勢が溢れ出ていることだ。

③リーグのメディアリレーション担当

チームのメディアリレーション担当の上に、リーグのメディアリレーションスタッフがいる。主な仕事は仕切りであるが、チームのメディアリレーション担当同様に、「メディアあってのスーパーボウルです」と言わんばかりにメディアに対応する。

メディアが集まる広大なメディアセンター内にはつねに無料の食事やスナック、ドリンクが取りそろえてある。メディア関係者専用のアプリをダウンロードすれば、ポリス・エスコート付きの移動手段の確認や、観光情報の取得や割引までもが可能である。

ここで、スポーツメディアが行うプレスカンファレンス（＝記者会見）の意義を考えてみよう。スーパーボウルに向けて、メディアが連日各チームの情報を報じることによって、読者や視聴者は、それが何日後に迫ってきたのかを折に触れて知らされることになる。そして、読者や視聴者は、報道によって内部に近い情報を知ることになり、そのゲームをより近くに感じることが可能になる。それればかりか、そのプレスカンファレンスを報道する記事の横には、数え切れないほどの関連イベントやグッズなどの広告が掲載され、ありとあらゆるかたちで人々の目や耳に飛び込んでくる。過去の経験からリーグや球団側もそれを深く理解しているため、「メディアさまさま」という扱いになるのである。

つまり、スーパーボウルに限らず、報道される価値を持つ多くのスポーツイベントは、

「報じる側のメディア」「報じられる側のメディアリレーション担当」「全体をマネジメントするリーグのメディアリレーション担当」が三位一体となって、そのイベントの効果を何倍にも増幅させる役割をはたしているのである。

スタンフォード大学にもその役割を担う部署が存在する。36ものバーシティー・スポーツ（強化クラブとでも訳してみよう）が存在するスタンフォード大学は、メディアとマーケティングを統合した「エクスターナル・リレーション」という部門を設け、約30人が働いている。

我々アメリカンフットボール部には専任のメディアリレーション担当が3人いるが、それぞれがメディアと選手・コーチングスタッフの間をうまく取り持っている。彼らがそれをコントロールしていると表現するのが正しいであろう。

カレッジスポーツは一大スポーツビジネスでもあるので、当然と言えば当然だが、その規模と、働いている人間の能力の高さ、特にコミュニケーション能力の高さには驚かされることが多い。

日本のメディア環境

さて、日本のスポーツメディアの現状に目を向けてみよう。私のなかでの日本三大プロスポーツは、野球、サッカー、相撲である。まず、相撲は除外しよう。後ほど、第3章で衝撃的なエピソードを紹介するが、伝統を守ること以外に興味のない彼らの話をするのは時間のむだである。運営を司る相撲協会のなかに"Media Relation"とつづることのできる人物がいるかどうかさえ疑問である。

以下に、日本のプロ野球とJリーグの広報について、私がリサーチした内容をまとめてみた。

野球

・担当者は選手出身が多い
・あくまでも選手が優先
・報道してもらっているという姿勢は皆無
・日本のトッププロスポーツであるというおごりが、見て取れる

サッカー
・「企業スポーツ → Jリーグ」という流れのなごりか、スポンサー企業からの出向者が多い
・必ずしも、企業で広報の経験がある人物ではない
・選手出身は、そう多くない
・野球と比較すると報道量が少ないことを理解している分、報道してもらう側という姿勢はある

現場にいない分、詳細なことについては論じられないが、NFLやその他のアメリカのスポーツのような「メディアの方々あっての、我々のビジネスです」という姿勢が足りないことは、私でも見て取れる。

マルチスポーツ

「マルチスポーツ（multi sports）」というのは、辞書で調べても出てこない言葉かもしれない。"multi"正しくは"multiple"であり、「複数の・多数の・多様な」というような和訳が適当であると言えよう。

ここアメリカでは、小学校入学前から大学まで、シーズンごとに、複数のスポーツをすることが珍しくない。いや、あたり前である。あたり前であるがゆえに、「マルチスポーツ」という造語が生まれ、一般的に使われているのであろう。

過去4年に2人――。

これがなんの数字か、わかるだろうか？　スタンフォード大学のアメリカンフットボールプレイヤーがドラフトで指名された数である。ただし、これは、アメリカンフットボールのプロチームであるＮＦＬにドラフトで指名された数ではない。メジャーリーグ・ベースボールからドラフト指名を受けた選手の数なのだ。

彼らは、二つのスポーツを同時に高いレベルでこなし、最終的にプロ野球選手になることを選んだのである。レギュラーかつチームの中心選手だった彼らを失うのは、チームとしては痛みを伴うものであったが、ベースボールを選ぶというのは彼らの決断であり、なによりも彼らの人生である。

前述の通り、アメリカでは子供のときから、シーズンによって違うスポーツを競技することが一般的だ。小学校から、中学・高校・大学と進んでいくにあたり、選手として試合に出場するための要求値は、どんどん高くなっていく。それを満たし続け、試合に出場し、好成績を上げ続けているアスリートは、高校や大学まで複数のスポーツを続けるケースが多い。

そして、そのなかでも優秀なアスリートは、複数の競技で、プロから注目を浴びるような選手に成長するのである。これは、アスリートとしての能力だけでは入学できないスタンフォード大学で現在進行形で起こっている話であるので、全米各地の大学で、このようなケースが多く起こっているのは、推して知るべしである。

一つの具体例を紹介したい。我々のリクルーティング・ミーティングでの一幕である。

コーチA：ジョージア州の〇〇〇〇高校にすばらしいランニング・バックがいる。彼はバスケットでも州選抜候補、野球では、ハイスクール・オール・アメリカンの候補で、GPA（学業成績の評価値＝日本でいう評定平均）もすばらしい

コーチB：ジョージアの、どこのエリアだ？

コーチA：〇〇〇だ

コーチB：そこのエリアなら、GPAの評価も信用できるし、アメリカンフットボールと野球の競技レベルも高い

コーチA：春の練習期間中に、実際に見に行ってみようと思う

TK：ジョージア州は春のアメリカンフットボールの練習が禁止されてるはず

コーチA：知ってるよ。だから野球かバスケットの春の練習を見に行こうと思ってる

ヘッドコーチ：トラックタイムは？

（コーチBが、パソコンを叩く）

コーチB　：100メートルが10秒31で、200メートルが20秒21です

ヘッドコーチ：スピードもあるな。よし、一度見に行ってみよう！

この会話には、日本人には理解しがたい内容が多く詰まっている。まとめると、「学業成績も優秀な三つのスポーツで学校の中心選手になっている生徒が、取り組んでいるスポーツとは別に陸上の競技会に出場していて、すばらしい記録を叩き出している。それは、インターネット上で簡単に検索できて、アメリカンフットボールにおけるリクルーティングの重要なファクターとなっている」ということだ。

リクルーティングする側、つまり指導者としても、あらゆるスポーツを、授業や遊びではなく実際の競技として経験しているアスリートのほうが魅力的なのである。共有できるスキルやテクニックは多いだろうし、ゲームでしか経験できないプレッシャーを跳ね除ける精神力は、「競技の数だけ強くなる」という理解もできる。なにより、NCAA規定に

より、練習やコーチとの接触が制限されるオフシーズンに、他の競技でアスリートとしての能力を上げてくれることは、NCAA規定の下で学生アスリートを育てる我々にとって好都合である。

マルチスポーツが困難な日本

私の近しい友人に、大学の陸上競技の指導者がいる。彼女の旦那さんも元陸上選手であり、「陸上競技、特に、正しく走ることを教えたい」という思いから、陸上競技のクラブチームを主催している。その活動は、彼らの住む地域で口コミで広がり、他競技の選手も集まってきて、とても有意義なマルチスポーツ活動ができているそうである。

普段はそれぞれの中学校の部活で野球やサッカーなど、他の競技をしている選手も、クラブチームで記録が伸びれば、陸上の世界で力を試したいと考えるのは自然な流れだろう。しかし、そういう選手が陸上の全国大会に挑もうとすると、壁に直面する場合がある。

全国大会となるジュニアオリンピック自体はクラブチームによる出場ができるにもかかわらず、私の友人がいる県では、規定により、中学校の陸上部に所属していなければ、県のジュニアオリンピック最終選考会に出ることができない。県と全国で基準が異なる、ダブルスタンダードである。

これには形式的な部分もあり、どうしても出場したければ、その選手が通う中学校の陸上部に登録すれば、県内最終選考会に出ることができるそうだ（たとえば野球部所属の選手も、自分の中学校の陸上部に登録すれば出られる）。

しかし、それでもやはり、本来活動しているクラブチーム所属として出られないのはおかしい。その県の陸上競技協会が排他的と思われても仕方がないやり方だ。

私が指導者として、常に思っていることの一つは、「選手が最も成長できる場は、試合である」ということだ。いろいろな思い入れのある、なにより選手の成長を望んでやまないはずの指導者にとって、その機会が与えられないほど、悲しいことはない。

アメリカ代表に敗れた日本のリトルリーガー

ここで、米国に渡ったばかりの2007年夏に私が経験したことを紹介したい。

少年野球の世界大会であるLLWS（Little League World Series）。この時期、アメリカでは平日の昼間をメインとするスポーツコンテンツが手薄なため、アメリカのスポーツ専門テレビ局であるＥＳＰＮで全試合が生中継される。文字通り、世界中からリトルリーグの代表チームが一堂に会する世界的なイベントである。

２０１７年の夏の甲子園予選で話題となった清宮幸太郎選手も、日本で騒がれる数年前に、この大会で話題となっていた。毎日が新しい経験、一向に理解できないアメリカンジョーク。コミュニケーションや生活に不安を抱えていた私を勇気づけてくれたのが、日本のリトルリーグ選手たちの活躍だった。

アメリカや他の国の選手に比べて、体格に劣る日本の子供たちが異国の地で頑張っている。またそれがテレビに映るたびに、同僚のみんなとのコミュニケーションにつながる。これほど、同じ日本人の活躍を誇りに思い、それに感謝したことはない。

ところが、彼らからもらったハッピーな刺激は、10年にわたるアメリカでの、特にスポーツに深く関わる経験によって、今となっては、１００％ポジティブになれない思い出へと変換されてしまっている。

「アメリカ人は大雑把で不器用」と言われることがある。何をおっしゃいますやら……、である。スポーツにおいては、アメリカ人のほうがよっぽど器用に複数のことをこなしているし、大雑把であると見えるのは（もちろん、これには個人差があるが）、優先順位の付け方が、日本人と比べ、桁違いに優れているためである。

２００７年のＬＬＷＳの決勝で、アメリカ代表チームに一歩も退かぬ戦いを見せたのは、日本代表である東京北砂リトルリーグだった。惜しくも敗れはしたが、その勇姿は、私に大きなパワーを与えてくれた。

しかし、「この日本の少年少女たちに、他のスポーツを競技する機会が与えられているだろうか？」と考えると、少し憂鬱になる。私が日本の子供たちのスポーツとの関わり方について持っている認識が正しいものであれば、恐らく彼らは、野球以外のスポーツを真剣には競技していないはずだ。いや、競技する機会を与えられていないはずだ、と言うべきであろう。

誤解を恐れず言うなら、野球しかやっていない子供たちと、いくつものスポーツを競技しているなか、たまたまそのシーズンに野球をやっていた子供たちが世界の頂点で戦い、前者が負けたのである。

私が日本のスポーツ関係者と話をする際に、必ずと言っていいほど用いるフレーズがある。

「社会のシステムや慣習が、日本のアスリートが成長する機会と、アスリートが自分に最も合った、スポーツを選ぶ機会を奪っている」

「一つのことを諦めずに、やりきること」が美学・美談となってしまっている我が国では、子供の頃から複数のスポーツを本気でやってきたアスリートの人口は、正確に数えられるのではないかと思うほどだ。ましてや、それを並行して同時期にやることなど、実際にはありもしない日本の社会のルールが許さない。

何度でも言おう。私は日本という国が大好きだ。自分がやりたい仕事がここにあるだけで、同じことが日本でできるなら、明日にでも荷物をまとめて帰国の途につきたい。愛すべき国の国民や文化、その慣習を否定するつもりは1ミリもない。それがあるからこそ好きなのだ。

しかし、スポーツに関して言うと、その愛すべき文化や慣習が負の方向に働いてしまっているのである。これは、誰かが悪いというわけではない。社会のシステムが、歴史や文化を背景にそのようにできあがってしまっただけである。

マルチスポーツでマイナースポーツのファンが増える

たとえばの話である。みなさまがまとまったお金を手にして、なんらかの理由で、なんらかのスポーツへそのお金を寄付することを決意したとしよう。なんのスポーツを選ぶだろうか。私は、迷わずアメリカンフットボールを選ぶ。そのときの思考プロセスは、こうだ。

1. 今までに、野球とアメリカンフットボール、両方を真剣に競技した
2. どちらも愛してやまないが、経済的に恵まれていないのはアメリカンフットボールである
3. 優劣つけがたいが、お金が必要であろうスポーツに寄付しよう

日本にどれだけ余分なお金を持っている人がいるか、その人たちがスポーツへの寄付を選ぶか、寄付することで、受けるメリットはなんなのかは別の議論としよう。

そのスポーツを競技すること、そのスポーツに触れることを通じて、そのスポーツのファンになり、それを愛する機会が増えれば増えるほど、寄付やスポンサーシップなどで、そのスポーツ、ひいてはスポーツ全体にお金が集まる機会も増えるのである。実際にアメリカでは、このようなかたちでマイナースポーツにお金が集まるケースも多い。

セカンドキャリア

こんな話を、日本で聞いたことがあるだろうか？

「元一流のスポーツ選手、プロだった選手、オリンピックレベルの競技者が、一部上場企業の社長になった」

上場企業のトップでないとしても、ビジネスで成功していたり、それを慈善活動に還元したりというストーリーならどうだろうか？　日本ではきわめてまれなことであるが、アメリカには腐るほどある。

しかも、かつてスポーツを一生懸命やっていた人たちは、寄付も含め、スポーツにお金を使ってくれる。アメリカと比較して、日本でスポーツにお金が回らない理由の一つがこれである。尊敬される元アスリートが少ないのである。言葉を選ばず言うと、尊敬に値しない元アスリートが多いとなる。日本の三大プロスポーツと言えるかもしれない野球・サッカー・相撲で、現役引退後のキャリアがどうなっているか、世間とはそれほどずれがないであろう私の印象はこうだ。

野球

あくまで個人的なイメージであるが、ある程度の有名選手であれば、テレビやラジオの解説者、プロ、アマを問わず、指導者になる人も多いだろう。特に元プロ野球選手となれば、（ある一定の条件をクリアすれば）指導者として歓迎されるのではないだろうか。

もう一つ、よく聞くのは飲食店である。しかし、それがビジネスとして成功し続けている話は、多くは聞かない。ビジネスを学んだり、経験したことがないのだから、当然と言えば当然なのかもしれない。

その他の人たちは何をしているのであろうか？

どこかの一部上場企業で役員を務めている、あるいは、日本の社会やスポーツ界に多大なる好影響を与えているのだろうか？　日本人はシャイであるから、表に出てきていないケースもあるだろうが、その手の話を聞くよりも、犯罪などのネガティブな話を聞くほうが多いのではないだろうか。

サッカー

チームが多い分、収入の額を問わなければ、指導者や解説者へのチャンスは多いのかもしれない。

あるデータによれば、2016年のJリーグの一部、いわゆるトップリーグに所属する選手の平均年俸は、約2000万円、野球に比べたら、やけに低い数字である。現役引退後の生活のことを意識しないわけにはいかないだろう。

Jリーグを中心にセカンドキャリアへの取り組みに熱心であることはよく知られているし、それなりの成果も出ているようだ。また、大学生とプロ選手を兼任することが許されている。

野球と比較して選手生命が短いことも手伝ってか、結果として、セカンドキャリアの問題がことさら大きく取り沙汰されることは少ない。しかし、それは社会からの注目度が低いことも大きな要因の一つでもあるので、十分な施策がなされているかといえば、胸を張って「イエス」とは、まだ答えられないだろう。

相撲

相撲協会に残れた人、テレビなどでの解説の職を得られた一握りの人以外は、ちゃんこ屋経営が定番である。最近は大卒の選手の比率が高いそうだが、ここ10年間の中卒入門の新弟子の平均は約20から30人で推移している。

この団体こそ、選手のセカンドキャリアを率先して考えるべきである。しかし、出てくるのは、不祥事ばかりで、セカンドキャリに関する施策など皆無である。また、他のプロスポーツとは異なり、競技特性上、引退する頃には健康を害している力士が多いことも問題視されている。ところが、それに対して、協会が何か具体的な動きをしていることは、うかがい知ることも、想像することもできない。

伝統を守ることが最優先な彼らにとって、選手の健康や安全、セカンドキャリアは、二の次三の次なのであろう。相撲協会の幹部に"second career"と正しくつづれる人間が何人いるだろうか？　テストしてみたいものである。

引退後のキャリア支援体制

アメリカでセカンドキャリアを成功させる選手が多いのはなぜだろうか？　簡単に言えば、選手のセカンドキャリアに対する、母体組織としてのそれぞれのリーグの努力、リーグの利益供与があるからだ。わざわざ利益供与という言葉を使ったのは、アメリカのプロの各リーグが、選手を通して稼いだお金を、有意義に使っていることを強調するためである。

具体例を二つ、紹介しよう。

大学卒業にかかる費用はNFLが払う

アンドレス・ピート（Andrus Peat, 以下AP）は、2011年に最も注目された高校生アメリカンフットボール選手の一人だ。17歳にして、204センチメートル、140キログラムの体躯は、全米40校から奨学金のオファーを集めた。晴れて彼を獲得できた我々は、彼を順調に育て上げ、3年生でありながら、2015年のドラフト1巡で、NFLへ送り出すことに成功した。

ルーキーシーズンを良い成績で終えた彼は、オフシーズンに毎週のようにスタンフォード大学のキャンパスに顔を見せていた。

TK：AP、元気か？　最近よく見るけど、オフシーズントレーニングなら、ニューオリンズでやればいいじゃないか？　それとも、この辺に彼女でも残してるのか？

ＡＰ：トレーニングもあるけど、卒業単位をとるために授業に出てるんだよ。彼女ではないよ（笑）

ＴＫ：マジで⁉　直行便でも5時間かかるし、授業料もフライトのコストも半端じゃない額になるだろう？　学者とか医者とか目指してるわけでもないのに、時間と金のむだじゃないの？

ＡＰ：いや、それが、授業料はＮＦＬが払うし、フライトと滞在費はチームが払ってくれてるんだよ。だから、むだなのは時間ぐらいだな。でもその時間も、将来のことを考えれば、まったくむだにならない投資だと思うよ

またもや、「アメリカのスポーツ界の成熟度」という名の鈍器で、頭を殴られた気がした。
ＮＦＬには、アーリーエントリー（選手が大学を卒業せずにリーグに入ってくること。現状のルールでは、3シーズン大学のチームに帯同すれば、その権利が得られる）の選手に対して、卒業に必要な授業料をリーグが負担するという制度があるのだ。

もちろん、コストの上限や、アクティブ・ロースターに入っていた長さ、年俸など、支

給の条件はあるだろうが、リーグが選手のセカンドキャリア支援の一環として大学卒業をサポートするということ自体、日本で長く暮らしていた私は、聞いたことも想像したこともなかった。

博士号取得にインセンティブ

マイケル・トーマス（Michael Thomas, 以下MT）は、私が、スタンフォードで働き始めた年である2007年に入学してきた選手で、身体は小さいがスピードを生かすタイプの選手だった。カレッジレベルでは良い選手であったが、卒業時には、プロでプレイするような実力があるとはとうてい思えなかった。しかし、持ち前の努力を惜しまない姿勢や、天性のリーダーシップが評価され、今では、マイアミ・ドルフィンズのキャプテンを務めるまでになった。

その彼が最近SNS上で、マイアミ大学でMBAを取得したことを発表していた。彼との、SNS上でのやり取りを紹介しよう。

TK：MT、おめでとう。すごいね

ＭＴ：いや、たまたま近くにあったし、オフシーズンは自由な時間も多いしね
ＴＫ：費用はもちろん？
ＭＴ：そう、リーグが負担してくれたよ。それどころか、最近、博士課程に進めば、学費とインセンティブを出すってオファーしてきたよ（笑）

またもや、違う感触の鈍器で頭を殴られた気がした。しかし、よく考えてみれば、合点が行く。リーグとしては、現役選手が博士号を取得するようなことがあれば話題になるし、その制度自体の意味合いも強く、高くなる。それにしても、ここまでとは……。

さて、日本で一番の規模を誇るプロリーグはどうであろう？　数年前、どこかのプロ野球チームにドラフト指名された高卒ルーキーが言ったそうだ。「セカンドキャリアのことも考えて、大学の通信の授業を取りたい」と。チームの首脳陣は、口を揃えてこう返したそうだ。「野球に集中しろ！」

伝聞であるが故、真偽の程は定かではないが、今までみなさまに何度もお伝えしてきたように、「一つのことだけに集中して、やり遂げることが美学」の日本スポーツ界、そして、

そのトップ中のトップに君臨するプロ野球チームの首脳陣がそのようなコメントをするだろうことは、さほど驚くことでもない。

学校側の努力

プロリーグからのキャリア支援がうまく機能するのは、大学の側の努力あってのものである。そのことを示すストーリーをシェアしたい。

伝説の選手が大学でやり残したこと

2012年5月の終わりだっただろうか。普段と変わりない朝だった。オフィスに行くと身長2メートルを超すであろう大男が、私のボスと親しげに話し込んでいる。その140キログラムを優に超えるであろう体躯、しかし、俗に言う「デブ」ではないその身体は、一目でただ者でないことをうかがわせた。

会話の邪魔にならないよう朝のあいさつを交わし、彼らを横目に奥にある自分のオフィスに歩みを進めていく。今度は引き締まった身体の黒人の青年が、私の同僚と話し込んでいた。それまでのリクルーティング活動や、それに伴うイベントで何度も顔を合わせていた私は、彼がその年の9月に入学してくる有望な新人、コーディー・ウィットフィールドであるとすぐに認識できた。それとともに、先程すれ違った大男が、その父親であるボブ・ウィットフィールド（Bob Whitfield, ＢＯＢ）であることをすぐに理解した。

ボブ・ウィットフィールド――１９９２年、スタンフォード大学で、まだ3年生のシーズンを終了した後に、ドラフト１巡でＮＦＬ入りした逸材である。平均的な選手寿命が３年強であると言われるＮＦＬの世界で14年間、２２０試合もプレイしたボブ・ウィットフィールドは、２０１１年11月にスタンフォード大学の殿堂入りをはたした。そして翌年、彼にしてみれば、さらに名誉なことであろう、息子がスタンフォード大学に入学してアメリカンフットボール部に入部することになったのである。息子をスタンフォードに入れる教育をしている、名の知れた殿堂入りをはたした選手。彼について興味が尽きなかった私は話しかけてみた。

ＴＫ：ボブ、こんにちは。殿堂入りした選手と話ができるなんて光栄です

ＢＯＢ：こちらこそ。この夏から、コーディーを頼むよ

TK：もちろんです。今回は、何をしに？

BOB：住むところの契約があってきたんだよ。俺がこの辺に住んでいた20年前と、家賃が違いすぎてびっくりだよ

TK：えっ!?（1年生はキャンパス内の寮に入ることが義務付けられているため）息子のために、わざわざ引っ越してこなくても……。心配しなくても、我々がめんどう見ますよ

BOB：違うよ。俺がやり残したことがあるんだよ。ちゃんと卒業しないとね

理解するのに、少し時間が必要だった。3年生を終了してNFLの世界に身を投じたボブ・ウィットフィールドは、正確に言えば、スタンフォード大学卒ではなかったのである。選手としてのキャリア終了後、実業家として活躍していた彼は、息子が入学すると同時に、卒業に必要な単位を取得しにスタンフォード大学に戻ってきたのだ。すばらしい話であると同時に、日本では、考えもおよばない話だ。

ここで紹介したいくつかのストーリーが示すように、成熟し切ったアメリカのスポーツ

社会の頂点に君臨するプロのリーグは、選手が引退後に大学に戻り、日本で言う「大卒」の資格を取得するよう奨励している。また、大学側にも、戻ってきた学生が、たとえ何年経過していたとしても、それまでの取得単位を生かしながら卒業単位を取得できるようなサポートをする体制が整えられている。つまり、選手本人を含め、次のような「WIN—WIN—WIN」の関係が成立するのである。

リーグ：大卒となった選手がセカンドキャリアで成功することで、セカンドキャリア構築支援の良いケーススタディとなる
選　手：大学を卒業することがセカンドキャリアでの成功への近道となる
大　学：就学・卒業の機会を与えることは、学校として当然のこと。授業料や将来的な寄付などの収入が見込める

もちろん、それぞれケースバイケースであり、リスクがあるのも明らかであるが、制度・慣習として見事であると感心させられる。

さて、日本の場合はどうだろうか？　今回のボブ・ウィットフィールドのようなケースがあり得るのだろうか？　なんらかの理由で大学を離れた生徒が、20年後に卒業単位を取得しに復学することは可能であろうか？　今までの私の経験・見聞から言えば、かなりハードルが高い。また、日本特有の社会や周囲の目が「それを許さない」という現状もあると言わざるを得ない。

「日本国憲法第26条1項」に、国民は「その能力に応じて、ひとしく教育を受ける権利」が保証されている。しかし、ほとんどの日本の大学は、入学からある一定の年数を経過すると、復学するのは困難である。

文部科学省の規定なのか各学校の規定なのかは定かではないが、日本の大学の場合、なんらかの理由で在学中に数年単位で大学を離れなくてはならないとき、学校を辞めるしか選択肢がない。

「教育を受ける権利」だとか「生涯学習」と、煌びやかで美しい、世間体だけを考えた言葉を並べておきながら、日本の大学は、生徒がいつでも復学できる環境を整える努力を怠っているように私には見える。

一方でアメリカの大学は、何年前の、どういう取得単位が、現在のどのような、そして、どれぐらいの単位になるのかを審査して、それを制度としてアップデイトしていく努力をしているのだろう。

何歳であっても、前回の就学が何年前であっても、生徒はお金を払うわけだし、なにより、どんな生徒にも教育を受ける権利があるのだから、当然である。

エージェント

セカンドキャリアについて、AP、MT、BOBと三つの具体的なストーリーを紹介した。みなさまは、どうお感じになっただろうか？

それぞれ異なる経緯と異なるキャリアプランを持つ彼らは、どのようにしてそれぞれに魅力的な支援を、リーグなどの団体から引き出しているのか、気にならないだろうか？実は、この一つひとつに、それぞれの選手のエージェントが関わっている。日本でこのことはあまり知られていない。

契約金の交渉やスポンサー獲得にスポーツ・エージェントが関わっていることは多少知られるようになったのかもしれない。しかし、彼らの仕事はそれだけではない。税務処理や投資、引退後のことなど、ファイナンシャル・アドバイザー的な役割をはたしていることも多いのだ。もちろん、選手によっては、それぞれの分野のスペシャリストを雇っているケースもあるが、これらをすべて内部に持っている大手のエージェント事務所が増えてきている。そのカバーする範囲は広く、家族のことや進学のこと、それに関するリーグとの細かいやり取りにまで至る。

セカンドキャリアの成否はエージェント次第!?

２０１１年に、26歳、それも既婚の1年生が入部してきた。彼の名は、ジョーダン・プラット（Jordan Pratt, 以下ＪＰ）。ＪＰは、２０１１年から２０１４年まで、スタンフォード大学のアメリカンフットボール部でプレイした選手である。高校では、野球とアメリカンフットボールで有名な選手だった。２００３年のＭＬＢドラフトで、ロサンゼルス・ドジャースから5位指名(全体１５１位)を受けてドジャースに入団。８シーズンをマイナーリーグですごした後引退。その後スタンフォード大学に合格。既に26歳ながら、入学と同時にアメリカンフットボール部に入部。３年、４年時には、ワイドレシーバーとしてチームの貴重な戦力に。また、２年連続で、成績優秀なアスリートとして、カンファレンスから表彰された。

ここに紹介するのは、あるミーティングでの、ＪＰに関しての我々の会話である。

コーチ：メディカル・リタイアすることが決まった選手が出てきたので、スカラシップの枠に空きが出る。その枠にＷＡＬＫ ＯＮの選手を昇格させようと思っている。誰が良いと思う？

ＴＫ：ＪＰがいいと思う

コーチ：ＪＰは、スカラシップは、要らないはずだよ

ＴＫ：なんで？

コーチ：やつのスカラシップは、ドジャースが払っているから……

ＴＫ：？？

まずは、いくつかの用語について、説明しておこう。

メディカル・リタイア：けがで競技を断念すること。

スカラシップ：文字通り奨学金であるが、この話の場合は、特にアスリートとして受けることができる、アスレチック・スカラシップを意味する。

スカラシップの枠：ＮＣＡＡは、各校に対し、フル・スカラシップの上限を定めてい

る。一人がけがなどで引退を余儀なくされれば、その枠が一つ空くことになる。

WALK ON：スカラシップの生徒とは異なり、一般の学生として入学してきた後にアメリカンフットボール部に入部してくる生徒のことをこう呼ぶ。

今でもそうであることに変わりはないが、日本のスポーツ界を憂う気持ちが頂点に達していた当時の私にとって、この対話は本当に興味深いものであった。JPをつかまえて詳細をヒアリングしてみた。概要はこうだ。

ドラフト指名された際、JPは幸運にも、優秀なエージェントと出会えたという。そのエージェントは、なによりも先に彼のセカンドキャリアおよび“Higher Education”（高等教育、つまり、大学進学）について尋ねてきたそうだ。そのうえでエージェントが提案してきたのは、たとえ見た目の契約金や年俸が下がろうとも、若くして、つまり、あまり稼がずして、プロ野球選手としてのキャリアを終えてしまったときの、大学進学時のスカラシップ保証を契約に盛り込むことだったのだ。

これは、彼が高校をほぼ満点の成績で卒業したことと、それが地元ではちょっとした話題になっていたことに起因するのかもしれないが、2003年にオレゴン州の片田舎で、日本では向こう30年以上存在しそうにない会話がなされていたことは、日本人としてショックであった。

エージェントは、その場で、ハーバード大学を卒業する際にかかるコストを調べ上げ、それを土台としてドジャースとの交渉に臨んだそうである。余談ではあるが、MLBでは、この数年前から、高卒でチームと契約する選手が、この手のHigher Educationについて契約条項に盛り込むケースが多くなり、その後はMLBが、つまりリーグ自体が、このような契約を各球団に推奨するようになっているのだという。

エージェント側からしてみれば、数多くいるライバルのなかで、選手側から選んでもらうための差別化のうちの一つだったのかもしれない。しかし、たとえ、それがビジネスの一環であったとしても、選手の将来と、スポーツビジネスの成熟にそれが大きく貢献したことは、疑う余地もない。

伝説のエージェント「スコット・ボラス」

野球に詳しい人なら、「スコット・ボラス」という名前を耳にしたことがあるかもしれない。全米の野球業界に名を轟かす、大物エージェントである。フォーブス誌の調べでは、世界中でたった一人、契約金額の総和が2000億円を超える（2016年）エージェントである。凄腕である一方で、日本では、「松坂大輔投手を見捨てた」「中島裕之内野手を日本に送り返した」人物として悪名が高く、アメリカでさえも、契約金額（＝お金）に対して執着する彼に対しては、賛否両論がある。

2016年の夏に、友人を通して、彼と一緒に野球観戦をする機会を得た。バックネット裏のグラウンドレベルの個室で見た試合の先発投手は、幸運にもダルビッシュ選手だった。それも手伝ってか、彼とは話が弾んだ。彼とは、ダルビッシュ選手を含め、目の前でプレイしている選手の詳しい情報や、日本のプロ野球について、日本の文化について、そして、アメリカンフットボールについてまで多くの話をした。

驚いたのは、彼がすべてにおいて細かいところまで理解をしていることだ。特に日本については、中学・高校野球レベルの話までも調べ上げているような印象を受けた。もう一つ驚いたことは、その絶え間のない会話のなかでも、目は常にフィールドの選手を見つめていたことである。

そして、所々で、「ツーシーム」「チェンジアップ」とつぶやくのである。何かと思って尋ねてみると、彼は、目の前で投げているピッチャーのクセを私に教えてくれた。よく見てみると、そのピッチャーは、モーションのテンポによって球種がわかる「クセ」を持っていたのだ。といっても、私のような素人では、10回目を凝らしてやっとわかる程度のものだった。「プロを見るプロの目は違う」と感嘆したことを、今でも覚えている。

さて、スコットとの楽しい野球観戦も終盤、9回の裏。ふと我に返って周りを見ると、今までガヤガヤと騒いでいたスコットの部下たち5、6名が、すべていなくなっていた。そして、スコットも、我々のほうに向き直り「TK、ここからが俺たちの仕事なんだ。またな！」とニコッと笑い、その個室から立ち去っていった。

彼が立ち去った後、私の友人が教えてくれた。彼らが、クライアント、つまり、契約選手とのコミュニケーションのために退室していったことを。

聞けば、選手が試合後、バスに乗り込むまでが大事な時間なのだそうだ。パフォーマンスのこと、体調のこと、家族のこと、試合後の食事場所の手配など、その選手ごとにやることは違うが、この短い時間の積み重ねで、彼らはエージェントとしての信頼を勝ち取っていくのだそうだ。その日はナイターだったので、時計を見ればもう24時前。本当に大変な仕事である。

仕立ての良さそうなジャケット、1ドルたりとも割引されていないだろうピカピカの革靴。打てば響く会話と、その先に出てくる私からの質問を見透かしているかのような会話のキャッチボール。スコットの一挙手一投足は、どれをとっても、まさに一流であった。何をやってもトップに立つ、敏腕の経営者にだってなれるであろう人物が、スポーツのエージェントをやっている。アメリカの成熟したスポーツ社会を垣間見た一日であった。

余談ではあるが、そのスコットとの会話の6割ぐらいが、今メジャーリーグが注目している日本人の若い選手であったことを、日本人として誇りに思う。

成熟したスポーツ社会に向けて

いくつもの例を見てきたので、わかっていただけると思う。アメリカのスポーツ社会は、本当に成熟している。日本のそれとは、比べるのも恥ずかしいぐらいである。私にとって両者を比べるさまは、子供たちが10人がかりで横綱にかかっていって、投げ飛ばされるシーンを見ているかのようなものだ。つまり、滑稽でしかない。

ここアメリカのスポーツ社会では、スポーツに関連し、利益を生む、利益をもたらす活動をしていくなかで、何千・何万・何億ものケーススタディが生まれ、その度にそのなかで合理的かつ最善の判断が下されることによって、そのマーケットが成熟してきたのである。もちろん、間違った判断や事例も数多くあっただろう。それもまた、マーケットが成長していくための肥やしになってきたことは、容易に想像できる。

そのスポーツ社会やビジネスの成長過程を「ガソリン」、アメリカのスポーツ社会を「車」にたとえたとしたら、エージェントの存在は「エンジンオイル」となるだろう。彼らの存在、弛みない努力なくして、その車が走ることは不可能なのだ。

アメリカでの日本車、日本の車ブランドへの信頼は絶大である。西海岸に住んでいるせいもあるのかもしれないが、ファンが多い印象がある。異国に住んでいるせいなのか、日本車を称賛する言葉を耳にする度に、それを誇りに思うものである。

しかし、日本のスポーツ社会という「車」はどうだろう？　日本のプロ野球の契約交渉においてもエージェントの同席が認められてはいるが、その利用率はわずか数％であるという。成熟度の低い、質の悪い「ガソリン」を入れて、しかも「エンジンオイル」を受け入れないまま走る「車」。前に進んではいても、いつかはエンジンに支障をきたして、止まってしまうはずだ。

車を効率よく走らせるため不可欠なもの、日本のスポーツ界に必要なものは、細かくカウントすれば星の数ほどあるだろう。歴史も文化も違うアメリカの事例をそのまま模倣することはナンセンスであるが、彼らのスポーツ社会が成長してきた過程から学ぶことが有効であるのは、間違いない。

私個人の意見であるが、スポーツ・エージェントの採用と、そのビジネスの発展は、日本のスポーツ社会の発展に、きわめて有効であると思う。なぜなら、その交渉では、必ず意見の相違や問題が発生する。そして、それを一つひとつ合理的に解決していくことにより、新たな化学反応が生まれ、スポーツ社会全体の成長が見込めるからである。「日本でそれは、無理だよー」という方は、ここでこの本を閉じていただきたい。

教育制度と教育方針

スポーツ文化の違いについて話をしているのに、教育制度や方針に触れるなんてと思うかもしれない。しかし、どうしても最後は、ここに問題が行き着くのである。

ここまで、アメリカのスポーツが日本のそれとは比べるのも恥ずかしいくらい成熟していることをみなさまにお伝えしてきた。特に大学進学や卒業をフォローする制度は、日本のスポーツ界では非現実的であるが、学ぶべき制度であると言えよう。しかし、このことは私たちに新たなる大きな問題を、見たこともないような豪速球で投げかけてくるのである。

「日本の大学を卒業することが、そんなに魅力的であるのか?」

という問題である。

日本の教育制度は、セカンドキャリア構築に有効だろうか

　ここで私が勝手な想像で統計、制作、命名したグラフを見ていただきたい。

　題して"Difficulty of Life"（年齢別の生活難易度とでも訳そうか……）。

「大学進学者を前提とした、一般的なアメリカ人と日本人の教育に関する難易度、勉強に割く時間、ストレスなどの総和」をグラフ化したものである。

　日本人の曲線の特徴は、受験のたびに波がやってくることと、大学の４年間でそれが下がっていくことだ。これに対してアメリカ人は、大学卒業に向けてそれが緩やかに上昇していく。つまり、大学

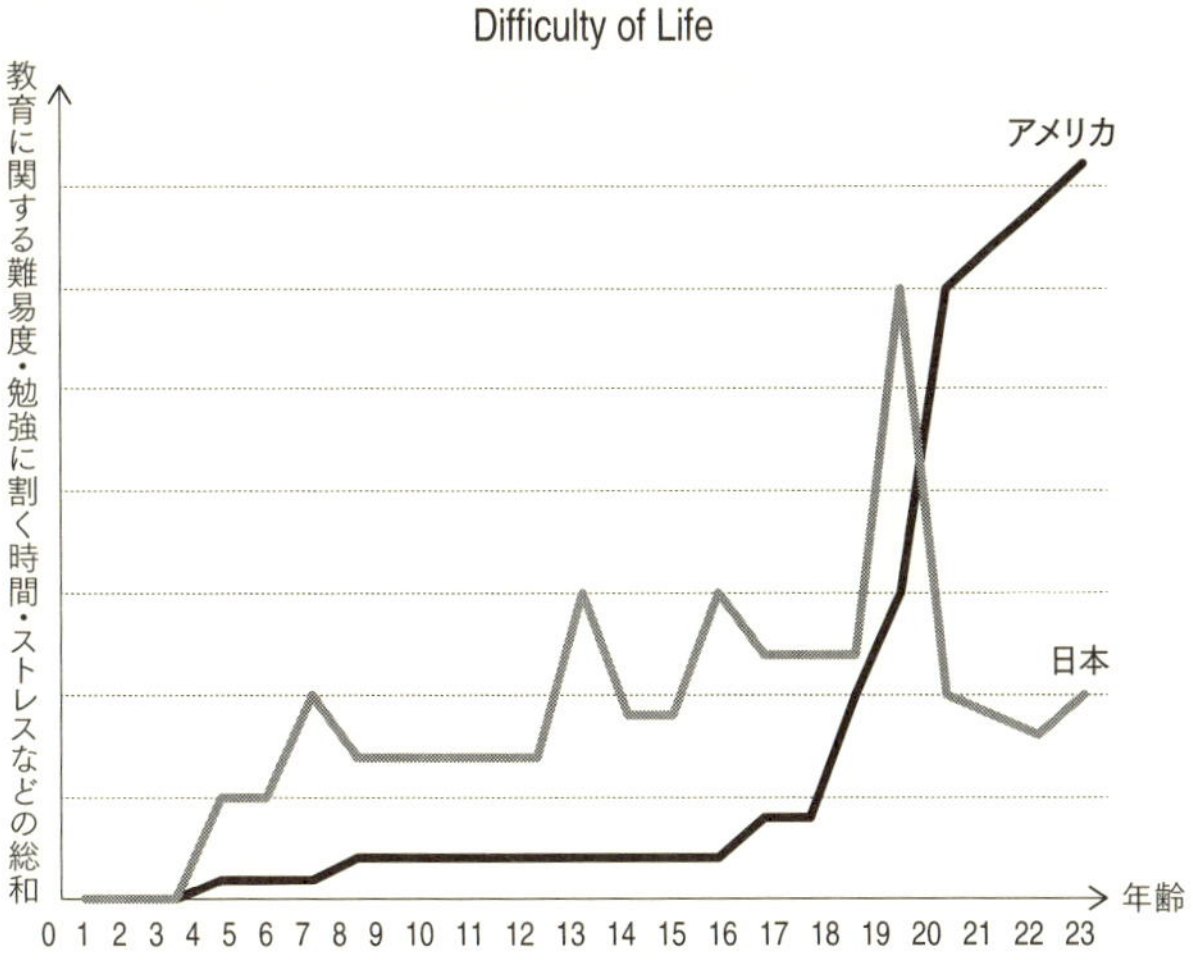

の4年間は、日本人に比べてはるかに難易度が高いものなのだ。

極論かつ、個人的見解である。一部の研究者志望の学生などを除けば、「社会へ出るための予備校」であるはずの日本の大学の学生が全般的にストレスのない楽な生活を送っている間に、アメリカの大学生は4年間かけて、社会へ出るための具体的な準備を着々と進めているのである。

仮に、「大卒の新社会人が会社に直接的に貢献する度合い」を示す指標があったとしたら、アメリカのほうがはるかに高い数字を叩き出すだろう。良くも悪くも、日本の社会人1年目、少なくとも半年間は、新人はお客さんである。1円も稼がない新人たちに多くのコストをかけて教育をする日本のすばらしい新人研修制度という名の投資が、将来的にどれだけの効果があるかはこの場合は考慮せず、経済活動や経済効果という視点で述べれば、アメリカの大学のほうが数倍も数十倍も日本の大学より優れていると言わざるを得ない。

もちろん、ここには大学進学率や就職制度の違い、大学に通う費用負担や奨学金制度の違いなど、さまざまな根本的な違いがあるが、今回その手の議論は割愛させていただく。

話をスポーツの方向に戻そう。日本のプロ野球やJリーグの選手が、引退後にリーグや球団のサポート、エージェントの助言を得て大学に入学や復学したとしよう。今の日本の社会・大学において、そのことに大きな意味があるだろうか？　答えは、残念ながら「ノー」だ。もちろん、その個人が大学で何を、どのように学ぶかによって、その効果に大きな差が出ることは明確であるが、一般的に、その効果はたいして期待できるようなものではないと言えよう。

安倍晋三内閣総理大臣は、数年前に「現在、世界大学ランキングの100位以内に2校しかランクインしていない日本の大学を、2023年までに10校にする」と明言している。何が評価されるのかにもよると思うが、アメリカの大学の多くがランクインしているのを見ると、このような指標も重要であることが見て取れる。そして、スポーツに関わる者として、こう思うのである。

「日本のスポーツを変えるということは、日本の教育やその制度を変えることなのではないか」

2020年の東京オリンピック、そして、その前後のスポーツ庁や文科省を中心とした政府の動きによって、スポーツ大国アメリカから多くのことを学び、良い例を導入していくのだとしたら、日本の教育や社会のシステムまでもが改革される可能性も考えられる。

つまり、「スポーツ文化の発展が、我が国の発展に大きな影響を与える」ことになるとも言える。スポーツに関わる者として、なんとも夢のある話ではないか。

日米の教育方針の違い

スポーツの現場で感じる「日米の違い」は、アメリカと日本の教育現場での違いなのかもしれない。

主観の域を出ないが、こちらでは「間違えることを恥ずかしいと思わない、そして、思わせない教育」をしているように見える。逆に日本では、答えを一つに限定して、それ以外は間違いであるとしてしまうので「間違えることが恥ずかしいと思わせる、間違えないようにする」教育になってしまう。

堂々と間違えるアメリカの子供たち

これは、プレイヤーの付き添いで、ある小学校の低学年のクラスを訪問したときのできごとである。その小学校は、スタンフォード大学と同じエリアにあったため、いつもテレビやスタジアムでのプレイを見ているヒーローが目の前に登場したことに、生徒たちは大騒ぎである。なかには、特定の選手のファンであり、その選手の名前を叫ぶ生徒もいた。

先生：今日は、スタンフォード大学のアメリカンフットボールチームから、ゲストのお兄さんたちがきてくれています

生徒：Let's go Stanford!!（大きな歓声とともに）

先生：では、まず、お兄さんたちに質問がある人！

生徒：ハーイ！　ハーイ！（動物の群れが餌に群がるような光景であった。全員が手を挙げて私を指してほしいとアピールしてくる）

先生：はい、じゃあ、J君

J君：んー、もう少し後で質問させてくれるかなぁ～

先生：では、他に！

生徒：ハーイ！　ハーイ！（先程と同様に、すさまじい勢いで全員が手を挙げる）
先生：では、Mちゃん
Mちゃん：ん〜、ん〜と、好きな色は何ですか？（モジモジしながら）

それは、もう、私たちの世代にとっては、「ドリフの大爆笑」でしかなかった。いかりや長介が「この問題わかる人」と問うのに対して、志村けんが大げさに手を挙げて、指された途端大きな声で「わかりません」、で大爆笑である。

私が日本の小学生のクラスでの活動を間近で見たのは、10年以上も前の話であるので、現在の初等教育の現場の実態はわからない。しかし、日本であれば、こういう場面で手を挙げる子供は、多く見積もっても半分ぐらいなのではないだろうか。そして、多くの子供たちが積極的に手を挙げない理由は、私が子供の頃、いや、今でもそうであるのと同じように、「間違えたら、恥ずかしい」「見当違いの質問や答えを言うのが恥ずかしい」という思いからであろう。間違えることを恐れない教育。すばらしい。特に小学生ぐらいの教育に、最も必要なことではないだろうか。

創造性を否定しない教育

次に紹介するのは、数年前に参加した、小学生向けのアメリカンフットボール教室での一幕である。

先生：明日2日目は、少し早いけど7：30からアメリカンフットボール教室が始まります。7：30から始まるということは、7：30にフィールドに出る準備がすべて終わっているという意味です。7：30に集合じゃないから、気をつけるように！　わかりましたか？

生徒：はーい！

この後、一つの簡単な質問を挟んだ後、ある男の子が手を挙げる。

先生：はい、P君

P君：先生、7：30は、集合時間ですか？　それとも準備を終えて、フィールドに出る時間ですか？

先生：P君、大事なことをみんなにリマインドしてくれてありがとう。7：30には、すべて用意を終えて、フィールドに出る態勢にしておくようにね。

日本であれば、先生もクラスメイトも、P君の質問を否定したり、制したりするだろう。「それは、さっき先生が言っただろー」と。一事が万事とは言わないが、アメリカの教育者や指導者は、こういう場面ですばらしい対応をする。「リマインドしてくれてありがとう」「良い質問だ！」というふうに。

日本人である私は、今でも、いや、この後も一生、このやり取りに慣れることはないだろう。つまり「それは、さっき、言ったよね？」ととがめてしまうことに、慣れすぎてしまっているのだ。

どちらが良いということではないのかもしれない。しかし、一つだけ言えることがある。この、アメリカ式の教育は、子供の創造性を豊かにする。逆に、日本で行われている、答えを限りなく一つにして、それ以外は間違っているとしてしまう教育は、子供の創造性に蓋をしてしまっている。

善悪ではないが、日本式の教育は、協調性や横並び意識を重んじるあまり、創造性をなくしてしまう教育になってしまっていると、私は思う。もちろん、アメリカ的教育には弊害も多い。日本的な感覚で言えば明らかに間違いであることを、間違いだとは教わらずに成長してしまうために、日本では考えられないほど、低レベルなことが発生するケースもある。

アメリカ流の功罪

"Your country's lowest is much lower than us, but highest."

同僚との間で、日米の教育や、国民の生活レベルの話をする際に、私がいつも用いるフレーズである。直訳するなら、「アメリカの底辺は日本のそれよりもっと低いが、所得や能力の最も高いレベルはアメリカのほうが断然に上である」となる。

あまり適切な例ではないことは承知のうえで、「低いレベル」の労働者として、コンビニで働く店員の日米比較を紹介しよう。

アメリカでコンビニを利用したことがある人なら、わかるはずだ。簡潔に言ってしまえば、アメリカのコンビニの店員の多くは、何もできない。計算さえままならない。1カ月間、毎朝、同じブレンド、同じミルクと砂糖の量のコーヒーを買っているにもかかわらず、「いつもの！」という注文の仕方は通用しない。いちいち指示をしなければ、気持ちの良い一日のスタートはきれない。こちらにきた当初、日本での生活を長く経験している私にとって、それは、大きなストレスであった。

一方で、たまに帰国する日本では、清潔感の漂う店内で、お揃いのユニフォームを着た、数年前までランドセルを背負っていたような高校生のアルバイトたちさえも、公共料金の支払いから、宅急便の手配、在庫の管理から発注までをやってのけるのだ。

逆サイドの話はどうだろう。つまり、「高いレベル」のほうである。世界一オープンな国と世界有数の隠す国であるという違いを差し引いたとしても、日本には、びっくりするような天才と、びっくりするような金持ちが少ないと感じる。資本構造の違いもあるのだろうが、起業から10年で1000億円を稼ぎ出したサクセスストーリーの数を見れば、アメリカの「高いレベル」が、日本のそれをはるかに上回ることは明らかである。

繰り返しになるが、アメリカの教育は、日本に比べ自由度が高く、上から下までの幅が広がる。つまり、成績優秀者と逆の人間の幅が広がることを容認している。容認しているというか、それが彼らの教育である。逆に日本は、その幅を、できるだけ狭くしようとしている。どちらが良いとも言いがたい。前者は、とんでもない天才や金持ちを生むが、とんでもなく逆側の人間も生んでしまう。一方、後者は、最低レベルが高い代わりに、とんでもない天才が生まれる確率が低くなる。

スタンフォードという場所柄、「高いレベル」のほうにばかり接しているが、私は、ところどころで、アメリカ教育の弊害とも言える、いわゆるダークサイドを肌で感じている。そのような経験もあり、アメリカの教育がすばらしいとは口が裂けても言えないし、言いたくもない。教育については、両者を「足して2で割る」ことができないかと、いつも思っている。

TEAMとチーム

２０１６年のシーズン最終戦を勝利で終えた後、ロッカールームでみんなと喜びを分かち合っていたとき、ふと一人の世界に迷い込み、感傷に浸る瞬間があった。「いろいろあったけど、10シーズン目が終わったのかぁー」

２０１６年のシーズンは、私がアメリカのスポーツの世界に飛び込んで10年という節目のシーズンであった。その苦労を振り返るとともに、その節目のシーズンを勝利で終えた瞬間は、私にとって、かけがえのない時間であった。

「Congratulations!!（おめでとう!!）」

この言葉が、感傷に浸っていた私を現実に引き戻すフックとなった。10年、ランドセルを初めて背負った子供が、高校生になり、大人の扉を開け始める頃である。そんなに長い月日を経ても、アメリカのスポーツ現場において馴染めない言葉・習慣が一つだけある。

こういう表現はさけたいが、違和感を覚えてしまうとも表現できる。それが、この“Congratulations!!”である。

2007年、私のアメリカでの最初のシーズンが始まった年に、記念すべき最初の勝利となったのは、2戦目のサンノゼ州立大との試合であった。試合後、選手やコーチングスタッフは、抱き合ったり握手をしたり、それぞれの喜びを表現し合うわけであるが、そのときにみながみな、同じように口にするのが、“Congratulations”なのである。スタッフや選手は、ハグや握手をしながら、私に向かって口々にこの言葉をかけてくる。

直訳すると「おめでとう」となるこの言葉は、個人を称賛するためのものである。個人に対する称賛の言葉を、チームが勝利したときにチームメイトやコーチがかけてくるのである。日本であれば、「おめでとう」という言葉は、ロッカールームから出た後に、チームの外部の人にかけられる言葉としてふさわしいものだ。

2勝目の後も3勝目の後も同じ光景が繰り広げられた。そこで私は、これが間違った言葉の使い方なのではなく、こちらの通例であることを知ると同時に、一つのことに気づかされた。この国では、チームの勝利を称賛する言葉であっても、そのベクトルは、まず個人に向けられるということである。

これに端を発して、私のなかでのチームの在り方への認識が変化していく。つまり、日本での「チーム」から、今働いているアメリカでの「TEAM」へと、その意味合いが変わっていったのである。

個人の能力が集まって一つの集団になったもの

TEAMとチーム。私が持つ、その二つの単語の意味合い、印象の違いを簡潔にまとめてみよう。

「TEAM」は、個人または個人の能力が集まって一つの集団になったもの。一方「チーム」は、一つの集団を（あえて）分ける作業をして詳細を覗きにいったときに、はじめて個人が見えてくるものだ。

もちろん、競技特性などによって、必ずしも右記の表現が当てはまらないスポーツもあるだろうが、たいていのチームスポーツにおいて、日本とアメリカのそれの違いは、「TEAM」と「チーム」の違いとして説明がつくと考えている。

たとえば、日本で最も人気のあるスポーツの一つであると言っても過言ではない甲子園、すなわち高校野球。ここで起こるさまざまなトラブルを考えてみよう。たとえそれが退部した後であっても、部員の暴力事件、喫煙、刑事事件は、チーム全体で責任を取ることになる。また、高野連から処分を受けるのもチームである。

一方で、アメリカの自由奔放な高校生や大学生が起こす、日本では想像もできないような、学生として度を超えたような事件の責任を取るのは、たいていの場合TEAMではなく個人である。そして、アメリカの指導者は言うのである。「彼には失望した。しかし、TEAMは前に進まなければならない」と。

競技の仕方、プレイスタイルにしても同様である。野球を例に取るなら、日本のピッチャーはみな、ほとんど同じ投げ方をして、バッターの構えもアメリカほど個性が見られない。アメリカンフットボールのクオーターバックも、アメリカから入ってきたスポーツにもかかわらず、日本ではみな、同じような投げ方をする。

「没個性」という言葉が当てはまるのであろうか、日本のチームはじっくり目を凝らさないと、個人がなかなか見えてこない。逆に、アメリカのTEAMは、個人のオンパレードであり、それがいい具合に集団としてまとまっている。

このピッチャー、日本人みたいな投げ方するなぁ

一緒に野球を見ていたスタンフォードの野球部のコーチが口にした「このピッチャー、日本人みたいな投げ方するなぁ」という言葉を忘れることは、一生ないだろう。その投手は、オーバーハンドから、腕を肘から上にあげた後に、肘からバッターの方向に出していく、しなやかな腕の使い方をする、綺麗なフォームのピッチャーであった。

日本でよく見るような綺麗な投げ方をするピッチャーは、国際試合などの経験が豊かなアメリカ人の指導者には、「日本人のような投げ方」と映るらしい。決して良い悪いの話ではないが、アメリカ人と比較して、日本人の投手には、個性がないということだけは、言えるだろう。

人の顔、体型、多くのものがそうであるように、投手には、個人個人、千差万別、それぞれに合ったプレイスタイル、投球フォームがあるはずである。

日本ではそれを個性としてはとらえず、「投手かくあるべき」と指導者が好むフォームに矯正されてしまう。アメリカの野球界では、ある程度の指導はするが、個性を決して殺

さないようにしながら教える。私たちが子供だった頃に比べ、メジャーリーグの試合がより身近になった今、その違いもより身近に感じられるようになったのではないだろうか。

話が少しそれてしまったが、「TEAM」と「チーム」の違いは、「個性」というキーワードで整理がつくのかもしれない。この点について、もう少し考えてみたい。

個性の強さとチームワーク

さて、その個性を生かした教育法・指導法では、スポーツ、特にチームスポーツにおいて、チームワークに難があるのでは、と思われる方も多いのではないだろうか？

それが、そうでもないのである。そのスポーツしかやっていない、四六時中際限なく練習をしている日本のチームより、チームメイト同士の絆が強いのではないかと感じることさえある。

また、アメリカ人は仲間になるのが早い。数値化できるなら数値化してみたいものだが、日本人のそれに比べて、新顔を仲間として認めるのがとにかく早い。極端に言ってしまえば、昨日や今日チームに合流した選手でも、同じユニフォームを着ていれば同じ仲間として認め、その仲間がやられようものなら乱闘するぐらいの事態になるのである。

これは、マルチスポーツが中心である文化や、プロスポーツにおける契約形態の違いによるものなのかもしれないが、日本人がその人物が仲間としてふさわしいのかを見極めている間に、アメリカ人は、たとえそれが因縁のライバルチームから、昨日加入したばかりの選手であっても、「それはそれ」と割り切って、チームメイトとして勝利への努力を始めるのだ。

「ＴＥＡＭとチームの違い」、先述の「教育方針の違い」は、どちらがいいかという話ではない。どちらにも一長一短あるだろう。

しかし、「凝縮化された、格差の少ない教育を受け」「仲間になるのに時間がかかり」「連帯責任を負わされるチーム」、つまり、日本のやり方が、スポーツの発展に向かないのは確実である。

何度でも同じことを言わせていただく。アメリカがすべて正しいわけではない。スポーツ大国に学べることは学べばいいのである。言葉を変えれば、変えられるところから変えていけば良いのである。

教育システムや、日本人の気質とも言うべきことを変えるのは難しいし、できたとしても時間がかかるだろう。だからまずは、まったく無意味な「連帯責任」から変えていけば良い。トラブルの本質を理解し、歴史を振り返らない新しい価値観で、適正な処分を考えることが大切である。

日本のスポーツ発展のためには、そういう小さな変化へのチャレンジの積み重ねが必要であると、私は思う。

日本とアメリカの根本的な違い

本章の最後に、二つの国の違いを私なりに論じてみたい。特にスポーツを競技する、指導する、見る、「ヒト」についてである。働き方にしても、スポーツの世界にしても、この二つの国を語るには、その「国民性の違い」を大前提として理解しておかねばならない。

つまり、アメリカ人だからできることや、アメリカだから許されることを、日本人がそっくりそのまま真似して行うことは、必ずしも良い結果に結び付かない。日本のスポーツの発展には、スポーツ大国アメリカから学んだことを、日本人に合ったかたちで発展・進化させることが不可欠である。

アメリカでの生活のなかでその違いを感じ取ってきた私は、アメリカ人と比較した場合の日本人の長所は、「細かさ」と「勤勉性」だと考えている。逆にアメリカ人のそれは「効率を重んじること」と「個人を尊重すること」である。

そして、裏を返すとこれらは、それぞれの短所でもある。普段、アメリカでの生活で「日本人や日本の文化はすばらしい。日本だったら、こうはならない」と感じることも多いのだが、先程挙げた日本人の長所は、必ずしもスポーツとその関連ビジネスの発展には向かないというのが、両国のスポーツの現場を通して導き出した、私の結論である。

戦略的に休めない日本

両国の違いを示す良い例が、休息に対する考え方だ。たとえば、日本の指導者が、急にアメリカ人のように効率的な指導を始め、練習や活動時間を短くしたとしても、今まで長らく非効率的な練習を強いられてきたプレイヤーたちは、短い時間で成果を出さなければいけない練習スタイルにとまどうであろう。

実例がある。2013年にバレーボール全日本男子チームの監督に就任した、ゲーリー・サトウ氏は、代表選手たちに、「休養を取ることの大切さ」を、なによりも先に説いたそうである。アメリカで指導者としての経験が長い私には、理解できる。外から見ていて、日本人が練習ばかりしているメリハリのない姿、オンとオフのスイッチの切り替えができない姿を見ると、そうしたくなる気持ちが。

結果的に、彼は、休みが多くなり困ってしまった選手たちからの不満や成績不振を理由に、1年で退任を余儀なくされてしまった。練習ばかりをして生きてきた、スポーツ以外何もすることのない人間にとって、急に休めと言われることには、大きなとまどいがあったのだろう。

日本人は、細かさや勤勉性にこだわりすぎて、大切なことを忘れてしまう。今までに、何度も「日本人は練習のしすぎである」と述べてきた。勤勉であるがゆえなのか、そうやって育ってきたからなのか。そうして、スポーツにとって一番大事な本番に結果を出す、つまり、勝つことが最も大事であることを忘れてしまう。よく言われる「練習のための練習」になってしまうのである。

あたり前に合理性を求めるアメリカ

また、アメリカ人に比べ、日本人は周りの目を気にすることが多いと感じる。アメリカ人が気にしなさすぎというとらえ方もあるが、スポーツにおいては、この気質はマイナス以外のなにものでもない。運動部での活動経験がある方は、どこかに覚えがあるだろう。日本の部活はやたらと声を出す。

「1年は声を出せ！」

今となっては、なんとむだなことだろうとはっきりと言えるが、こう言われていた当時は、私も一生懸命に言われた通り声を出したものである。

はたしてこの「声を出す」に、どんな意味があるのだろう？　本書の前半でも触れたが、「声を出す」という行為は、直接的には勝利に結びつかない。声の大きさが直接的に勝利に結びつくのは、どこかの神社で神事の一つとして行われている、「泣き相撲」くらいである。つまり、部活などで声を出していること、また、声出しを強いられていることは、断じて、勝利にも、自分のスキルの向上にも、直結しない。

たしかに、外から練習を見ているときに声が出ていたり、またその声が揃っていると、気持ち良く感じるし、活気があるようにも見える。しかし、強いチームは声が出ているかと言えば、必ずしもそうではない。声が出ていて、雰囲気の良い活気のあるチームが強いかと言うと、必ずしもそうではない。指導者、上級生、伝統、誰のためなのかはわからないが、私には自己満足にしか見えない。つまり、声を出している自分たちが、周りからどう見えているかを気にしているだけなのである。

私たちが、ここアメリカで競技しているアメリカンフットボールでは、声を出すことが良い練習をすることではない。練習内容が良いときに、自然発生的に声が出て盛り上がるのである。もちろん、声を出すことがまったく無意味であるとは言わない。特に子供たちにとっては、日本人が大事にする協調性を養うことになるだろうし、チームで活動するうえでの必要な規律を学ぶことができる。

現にアメリカの軍隊でも、そのような手法が用いられているし、それによる一体感は、外から見ていても気持ちの良いものである。ただし、それは、勝利には直結しないものである。そのことだけを評価するのは、練習の本来の目的を見失うことになりかねない。日本人としては、悲しいが、こんな表現が当てはまってしまう。

「日本人が周りの目を気にして不要な神経やパワーを使っている間に、アメリカ人は、別の、勝利に直結する努力を行っている」

スポーツに関わる日本人として悔しいのは、「アメリカのスポーツとそのビジネスの発展が、誰かが意図やデザインをして導かれたものではなく、徹底的な合理性の追求から生まれたものである」ということだ。さらに悔しいのは、彼らがそれを「合理性の追求」など、と、思ってもいないことだ。

つまり、合理性を追求することなんて、あたり前なのである。マルチスポーツも、企業とのスポンサーシップも、学生スポーツの繁栄も、すべてが合理性の下に成り立っているのがこの国であり、逆にそれが著しく欠乏しているのが、我が国である。何度でも言うが、スポーツとその文化の発展に著しく向かないのは、我々、日本人である。

第3章

2020年へ、そして、日本スポーツの未来へ向けての提案

ここまでは、アメリカのスポーツ界、特にカレッジスポーツの現場で働く者として、日米の比較を中心に、現状とその背景についてお話しさせていただいた。私の立場からそれを論じると、その気はなくても批判に聞こえてしまうトピックスが多いので、読者のみなさまには、耳障りな表現も多かったことだろう。

ここからは、本書のまとめとして、過去や、現在のことよりも、未来のことを書いていきたい。つまり、日本のスポーツが、どのような方向に向かっていけば良いのかを、私なりに提案したいと思う。

もしも、アメリカに相撲があったら

子供の頃、ザ・ドリフターズの番組が大好きだった。「8時だョ！全員集合」「ドリフ大爆笑」など、その日、その時間がくるのが楽しみでならなかったことを、今でも鮮明に覚えている。

そのなかに、「もしものコーナー」という心に残っているシリーズがある。毎回、「もしも、こんなラーメン屋があったら」とか、「もしも、こんな温泉旅館があったら」とか、いろいろな場所を舞台にして、子供の頃の私が想像できる限りのおもしろいことを、ドリフターズが演じてくれるのである。

私がアメリカにきてから感じている、「日本のスポーツの未熟さ」を考えるときに、いつも思うことがある。

「もしも、アメリカに相撲があったら」である。

三つのおかしなできごと

もしも、を考える前に、今の私から相撲界がどのように見えているかを紹介しておこう。相撲界を批判するつもりはないが、「この業界はおかしい……」と思い始めた三つのできごとを、手短にシェアしたい。

(1) 将来のタニマチに投資しない

アメリカンフットボールのコーチである私にとって、相撲の動きは非常に勉強になる。数年前の日本滞在中に、相撲の稽古を見学しに行ったときのことである。「稽古見学は自由」という部屋を探し出し、土俵から少し高い位置の畳のスペースで、一人で稽古を見学していた。当然だが、一見《いちげん》である私には誰も見向きもせず、ある意味放置された状態であった。

その後、上位の力士が稽古を始めた頃に、いかにも金持ち、そしていかにもタニマチであろう初老の夫婦が稽古場に姿を見せた瞬間、どこからともなく、見たこともないような厚みのある座布団やお茶が現れ、部屋の関係者が付きっ切りで彼らを接待し始めた。そのこと自体には別になんの不満もひがみもない。金を出している者が厚遇を受ける、当然である。

しかし、良くも悪くも「アメリカン・スポーツナイズ」されている私は思ったのである。「潜在的・将来的なタニマチやファンには、彼らは興味がないんだな」と。伝統や現在の状況を維持するのに精いっぱいな様子が見て取れてしまった。

(2) ルールだから……

私と同じアメリカンフットボールのコーチ（アメリカ人）である友人を稽古見学に連れて行ったときのことである。彼は、私に多くの質問を投げかけてきた。稽古の邪魔にならないよう、いわゆるヒソヒソ話をしていた。

すると、親方であろううちの一人が、若手に向かって、「おいっ！ 喋るなって言えよっ！」と怒鳴りつけたのである。その若手は、申し訳なさそうに我々の前にきて、「すいません。稽古中は静かにお願いします」と告げた。

たしかに、「稽古中は静かに」と書かれてはいたが、外国からきたゲストとの、かなりトーンを落とした会話である。もし、何か明確な理由、腑に落ちるような理由があれば、人の敷地でもあるし、納得がいったのかもしれない。しかし、その親方が言っていることは、理由はないけどルールだから、いつもやっているから、つまり「不合理」としか私には映らなかった。

アメリカンフットボールでは、アウェイゲームに行く前に、業務用のスピーカーをフィールドに持ち込んで、大きなノイズを立てながら練習をすることがある。敵地でのノイズ、いわゆるクラウドノイズ対策のためにである。神の見えざる手が動いたのか、数々の不祥事や協会の幼稚性と反比例して、相撲は大きなブームとなっている。

超満員の国技館を埋める声援がつくり出すノイズは、私たちが立てたノイズの数百万倍にもなるだろう。私がいつも生徒に言う“Play like game on practice, play like practice on game day”（練習は試合のように、試合は練習のようにプレイしよう）と重ねるなら、練習も試合と同じようなノイズの下に行うべきである。

とはいえ、人の城内である。不満はこれぐらいにするとして、それ以前に言いたい！

「おまえが言えよっ！」と。

（3）メディアリレーションへの無理解

スポーツライター：最近、若い女性ファンを含め、相撲の人気が出てきたことを取材させていただきたいんですが？

相撲協会担当者：その取材を受けることで、我々にどのようなメリットがあるか、教えてください

スポーツライター：……

相撲協会担当者：チケットでの収入がどれだけ増えるとか、そういうことあるの？　忙しいし、ないのならそういうのは、お断りします

これは、私の知り合いのスポーツライターが実際に経験したことである。メディア対応の重要性は、第２章で紹介した通りである。

「メディア担当者として、メディアリレーションの大切さを、学んでこなかったんですか？　あっ、学んでないですよね。元力士でしょうから……」。これは、知り合いのライターさんではなく、私の心のなかの言葉です。

アメリカに相撲があったら、どういう人が働くだろうか

さて、いよいよ「もしものコーナー」を相撲で実践してみよう。ここでは、相撲を取り巻く環境、つまり、人事について考えてみたい。以下、いろいろなことを無視したうえで、どういう人物がどのような職についていてしかるべきか、表現を変えれば、アメリカのスポーツ業界ではどのような人物が組織を構成しているかをまとめてみた。

（1）コミッショナー（相撲協会理事長）
・スポーツビジネスの学位（大学院卒）保有者
・利益を追求する一般企業での役員以上の職務経験、スポーツのチームやスポーツ関連企業であればなお良い
・力士を引退後にこのような経験を持つ人物であれば最適任者

（2）マーケティング担当役員
・一般企業やスポーツ関連企業でのマーケティング経験者
・スポーツビジネスや、マーケティングの学位（大学院卒）があれば、なお可

（３）人事、ファイナンスなどの管理部門担当役員
・この職種のプロで、スポーツ関連企業やチームでの職務経験がある人物
・ファイナンスやマネジメントの学位を持つことが望ましい

（４）メディアリレーション担当役員
・この職種において、経験豊富な人物
・スポーツビジネスやメディアの学位があれば、なお可
・ソーシャルメディアに明るいことは必須

（５）メディカル・ドクター
他のスポーツの団体にこれが存在するべきなのかは、定かではない。しかし、日々の稽古や試合での脳震盪へのリスク、セカンドキャリアへの影響などを考えると、このポジションを設けるべきだろう。
・世界でもトップクラスの脳震盪の専門医（勤務・雇用形態は問わない）

（6）デベロップメント（寄付担当）

いわゆる「タニマチ」をコントロールする部門が必要だろう。寄付に対して、ある程度の規制を設けて監視したり、タニマチたちとのリレーションを強くしたりして、寄付額を増やすことなどが主な業務になる。

・スポーツ業界でのファンデベロップメント・リレーションの業務経験者

・税理士、会計士、弁護士など、税法をはじめとする法律のエキスパートであれば、なお可

（7）その他

デジタルメディアやファンリレーションなど、年間150億円とも言われるビジネスをさばくには、他にも多くの優秀な人材が必要である。

多くの読者のみなさまや相撲ファンからのたくさんのお叱りや反感を覚悟で、私の勝手な意見を述べてみたい。

もし、アメリカに相撲があったら、前述のような学位・経験・ビジネスにおいての実績が必要なはずのポストに、日本では現在、元力士が就いている。そして、その半数以上が高卒か中卒である。

学歴よりも問題なのが、彼らのうちのほとんどに、ビジネス経験がないことである。思い切ってビジネス経験の定義をアルバイトまで下げたとしても、その要件をクリアする人物はほとんどいないのではないだろうか。

特に問題となる二つのこと

アメリカのスポーツの現場にいる私にとって、相撲というスポーツとその運営は、おかしなところだらけである。そして、それが愛する母国の「国技」であるというのだから、なおさら問題である。私が特に問題だと思うのは次の二つ。

一つは、脳震盪の問題である。

前述の稽古を見た私の同僚が興味を示したのは、力士の大きさでもなく、ヒットの強さでもない。「あれだけ頭であたっていて、脳震盪の対策は、どうしているのか?」である。

加えて、「あれだけ激しい練習をしているのに、アスレチック・トレーナーは、どこにいるのか？」という質問も飛び出した。返す言葉もない。これが、我が国で、野球とサッカーに次ぐ規模を持つスポーツかと思うと、恥ずかしいの一言に尽きる。

二つ目は、セカンドキャリアの問題である。

脳震盪の問題もそうであるが、長い人生のうち、力士でいられるのはほんの一瞬である。中学や高校を卒業して、各部屋に入門するのが一般的なルートであるこの競技にこそ、セカンドキャリアの重要性・必要性は問われるべきである。

他のプロスポーツに比べ若くして引退するイメージが強いため、学校への復学や、受験のサポート、奨学金、就職の斡旋など、相撲協会が組織的に援助できることも多そうだが、そのような活動をしているなどという話は、小耳にもはさんだことがない。

私だけであろうか、まず、相撲協会のトップの方々に「脳震盪」と「セカンドキャリア」という言葉を理解していただくことから始めないといけないような気がしてならないのは……。

改革案

さて、日本のトップスポーツの一つであるこの競技、どのようにして発展・進化を遂げるべきなのであろうか。答えは簡単、外部の人間を採用・登用することである。もちろん、伝統を守っていくことが命題でもある競技であるから、一筋縄ではいかないだろう。しかし、外部、つまり他のスポーツや他のビジネスとの交流をしない限りは、前述のような問題が改善を見ることは、決してないだろう。

不運なことに、他の競技がオリンピックなどを目指していくうえで不可欠な国際的競技力の向上は、この競技にまったく必要ない。それは、「伝統を守り、継承していく」ことには、このうえなく好都合である。

しかし、数々の日本のスポーツが、(まだ発展途上であるとはいえ)国際試合や国際交流を通して、技術力の向上だけでなくソフト面、つまり競技を取り巻く環境でも成長を遂げていることにこそ気づくべきである。

「伝統を守る」、すばらしいことではないか。しかし、2020年のオリンピックを契機に、相撲以外のスポーツは、グローバル化が一層進んでいくであろう。相撲には、グローバル・

スタンダードは不要であるとしても、他のスポーツの進化を見た観客やスポンサーは変化していく。

タニマチがもたらすお金の種類も変わってくるだろうし、高齢化社会は、ファンの年齢層とその比率も変化させるだろう。海外との交流を持つスポーツはエンターテインメント性も高くなるし、ファンの楽しみ方も変わってくる。そんなときに、日本が誇る伝統あるスポーツが、ポツンと取り残される姿は見るに忍びない。今からでも遅くはない。「伝統を守り抜くために外国から力士を入門させ、番付の上位を独占させるフレキシブルさ」を、違うベクトルに向けてみてはどうだろうか。

三つのできごとで相撲に失望中である私の、ただの恨み節、皮肉に聞こえるかもしれないが、本気で提案したい。

２０４０年に向けて

本書を含め、私は、ことあるごとに、次のフレーズを用いている。

「日本の社会のシステムや慣習が、日本のアスリートが成長する機会と、アスリートが世界のトップになれるスポーツに出会う機会を奪っている」

勝手ながら今まで書きつづってきたことは、このフレーズに凝縮されていると思っている。島国に住んでいる我々は、島国であるがゆえ、多くの文化を取り入れることができ、島国であるがゆえ、他国からは理解不能の社会のシステムや慣習を育て上げてきた。それらが、私が愛する母国の礎を形成してきたことは言うまでもないが、２０１８年の今となっては、それが、スポーツ文化の発展の邪魔をしていることも、動かざる事実である。

本書の結びとして、以下を提案したい。

マルチスポーツの普及

２０２０年の世界的イベントである東京オリンピックをスタート地点とした、マルチスポーツの普及をまず提案したい。その狙いは、「一人ひとりのアスリートに、世界でトップレベルになり得る競技を選ばせる。または、出会わせる」ことにある。

「二兎を追う者は一兎をも得ず」の言葉が象徴するように、日本で、複数のスポーツを同時に競技することは、ほとんど許されていない。そのため、一つのスポーツをプレイして芽が出なかったら、そこでアスリートとしての人生が終わってしまう。日本のアスリートは、アメリカのそれに比べ、ベストのスポーツに出会う機会が著しく乏しいのである。数値に表すことができたとしたら、比べ物にならないぐらいの差になるであろう。

日本にスポーツを文化として根付かせるには、マルチスポーツの普及・発展は必須条件である。以下に、２０４０年に向けた、マルチスポーツの普及案を示してみる。

①地方自治体の力を借りる

この種の新たなチャレンジには、まずはモデルケースをつくりあげることが大事であると思う。地方自治体でモデルケースをつくるというのが一つ目の案だ。

国内に「スポーツ振興都市」なるものを宣言している自治体は少なくないはずである。そのうちの一つ、もしくはいくつかをピックアップして、マルチスポーツを推奨するような取り組みをして、その効果を実証できないだろうか。

私がアドバイザーを務める「オービックシーガルズ」は、本拠地を千葉県習志野市に置いている。その縁もあり、習志野市と協力して、多くのスポーツに関わるイベントを開催している。習志野市の姉妹都市との国際交流試合を行ったり、オービックシーガルズの指導者が市の職員に講演を行ったり、なかには、宮本泰介市長自らが参加をするイベントもあり、スポーツを通じてのＷＩＮ―ＷＩＮの関係が続いている。

たとえば、習志野市が自治体として「習志野市は、子供たち（小学校から高校まで）のマルチスポーツを推奨します」ということを宣言できないだろうか。

具体的には以下のような取り組みが考えられる。

・市が、各学校やスポーツの協会・団体に向け、マルチスポーツ推奨の指導を行う
・市やその教育委員会が母体を務めるような、スポーツ少年団や部活などにおいて、マ

ルチスポーツを積極的に導入する団体に対し、なんらかのメリット（補助金・研修制度など）を提供する。これは、マルチスポーツの導入において大きな問題となり得る、「スポーツごとに道具が必要になる」というコストの問題を解決することになる

・各種大会・競技会への参加資格をフレキシブルにする
・各種競技レベルの向上について、効果測定・分析を行う

これらすべての活動については、文部科学省・スポーツ庁が、人材や金銭面などのバックアップをする。大前提として、このチャレンジには、スポーツ庁を中心とした、国のサポートが必要である。

もちろん、すべてのことがうまくいくわけはないし、それぞれの場面で、それぞれの人が不満を感じることもあるだろう。そこは"No pain, no gain!"（痛みなくして、得るものなし）である。

②学校法人型モデルケース

私がもう一つ具体案として考えているのは、大きめの学校法人、つまり、付属校を多く

持つような学校法人で、マルチスポーツに関するモデルケース構築ができないかということである。

たとえば、日本大学には23校の付属高校と15校の付属中学がある。はなはだ勝手なイメージであるが、すべての付属高校がハイレベルな運動部を持っているような印象がある。

このような大きなポテンシャルを持った組織・学校法人が、マルチスポーツに積極的に取り組んでくれたら、マルチスポーツ推奨を高らかに謳っている私にとって、これほどうれしいことはない。

同じような指揮命令系統、同じような部活カラー、なによりそれを統括してくれる法人組織が上に存在する。これらの要素は、新しい取り組みの効果を測ったり、問題点を洗い出すのに適しているのではないだろうか。

また、ここ10年ぐらい増えてきた付属中学は、アスリートとしての能力が見えてくるのが中学生ぐらいであることを鑑みると、この試みにおいて最善の場であると言えよう。

何度でも申し上げるが、中学や高校でいくつかのスポーツを経験することで、「神様や両親が才能を与えたスポーツ（＝世界で戦えるスポーツ）」に巡り合うことができる。言葉を変えれば、今まで逃してきたチャンスを見つけ出すことができる。

地方自治体のケースと同様、このモデルケースでも国のサポートは欠かせない。指導者の教育にも、お金や時間がかかる。また、いくつかのスポーツを掛け持つ際のコストを、親がすべて負担するのは、簡単ではない。

予算の面でも、取り組みの面でも、文部科学省やスポーツ庁のサポートは必須であるし、それがないようではこのチャレンジは意味をなさない。

マルチスポーツの思わぬメリット

なぜ私がこれほどマルチスポーツを強調するかというと、私の経験上、マルチスポーツは、予期せぬもう一つのメリットを生むと確信しているからである。それは、私が10年かけて辿り着き、導き出した「アメリカ人と日本人の違い」という答えの一つでもある。まずは、スタンフォードでの、子供たちと学生アスリートとのパネル・ディスカッションの一幕をシェアしたい。

パネリストは、アメリカンフットボール選手2名、フェンシングのオリンピックメダリスト、そして、ロンドン、リオと金メダルを獲得した水泳のケイティ・レデッキー選手である。ある子供が、ケイティに質問を投げかけた。

子供：オリンピックでメダルをとるには、どうしたらいいの？

ケイティ：一つだけじゃなく、いろいろなスポーツを経験することだよ。私の場合は水泳と、もう一つだけだったけど、若いときにもう二つくらいできたら、もっとメダルがとれていたかもしれないと思うわ

子供：どうしたら、スタンフォードに入れるの？

ケイティ：同じ答えになっちゃうかもしれないけど、勉強もスポーツも含め、いろんなことに一生懸命、そして同時に取り組むことかな。そうすると時間をマネジメントしなきゃいけないから、そのスキルが身につくよ。今、ちょうどテストと練習を両立しなきゃいけない時期なんだけど、若いときにそれを経験していて良かったなと思っているよ

子供：どうしたら、ケイティみたいになれるの？

ケイティ：とにかく、お父さんとお母さんの言うことを、よく聞くことね。あなたたちを愛している両親や家族は、いつも世界で一番良いアドバイスをくれるはずだから

社会人としての日本での生活経験、（日米両国で）アスリートを見てきた指導者としての経験、どちらを通しても、アメリカ人が日本人よりはるかに優っていることの一つは、優先順位のつけ方と、そのこなし方である。小さい頃から、習い事や、シーズンごとのスポーツ、つまり、マルチスポーツなど、多くのことを並行してやっていくことに慣れているアメリカ人のアスリートは、複数のことに優先順位をつけて取り組んでいくことに、非常にたけている。

ともすると、その姿は、「いい加減である」と、（特に、日本人には）見えてしまうが、彼らがしていることの何かがいい加減に見えた場合には、それは、彼らにとって優先順位の低いことだったということがほとんどだ。特に、小さなときからそれを高いレベルでこなしてきたであろうスタンフォードの学生は、学業とスポーツ、それ以外の活動も、完璧にこなしている印象がある。

仕事も、家庭も、趣味も、並行して上手くこなしているアメリカ人が日本人より多いのは、子供の頃からの習慣の延長であると私は思っている。もちろん、弊害もあるはずだ。日本人がやけに固執する「不平等」が生まれることになるのかもしれない。その議論は、この本の主題ではないので割愛させていただきたいが、マルチスポーツを導入・普及させることが、スポーツだけではなく、学生生活や、その後の社会人としての生活にも必ず役に立つことを、ここに断言したい。

メディアリレーションの強化

提言の二つ目は、２０４０年と言わず、すぐ実行に移してもらいたいものである。というのも、２０２０年のオリンピックがせまる今、スポーツメディア全般、チーム所属のメディアリレーションのようなスポーツメディアを取り巻く環境の成長が期待されるところだからだ。

東京で開催されるオリンピックは、治安を含む環境、ホスピタリティ、トランスポーテーション（公共交通機関を含めた移動の利便性）のどれをとっても、歴代オリンピックのトップランクを狙えるものだ。「近代オリンピックのモデル」と言われるような大会にするため、各国のメディアからも称賛されるような大会にするためにも、スポーツメディアに関するいくつかの提案をしたい。

①プロの養成と採用

アメリカでは、メディアやジャーナリズムをメジャー（専修分野）とする大学や大学院が多く、チームやリーグのメディアリレーションで働く人間の多くが、この学位を有している。職務経験が優先されることは前提として、組織委員会や各競技団体は、メディア関連、特にスポーツメディアに従事したことのある経験者を積極的に採用するべきである。そして、それらを養成することにも注力すべきである。各競技団体で役目を割り振られただけのおじさんが、にらみや威張りを利かして「広報担当です」と言うのだけは見たくない。

②メディア、特にスポーツメディアの在り方の再認識

決して敵対関係ではなく、一方通行でもない。報じてもらうことの意義を再認識する。

断じて、メディアに「ひれ伏す」わけではない。組織委員会や競技団体は、その絶妙なバランスを学んでいくべきである。

③ 選手へのメディアトレーニング

各種プロの競技団体、オリンピックレベルの選手には、これを徹底する必要がある。今でもあるのは承知のうえだが、スポーツメディアのプロによるプロのためのトレーニングと位置づけ、開始する。または、現存のものを見直す必要がある。

世界のスポーツメディアが一堂に会すると言っても過言ではない東京オリンピック。日本のスポーツメディア全体は、あと数年間で、どれくらい成長できるだろうか？ ２０２０年のオリンピックを報じるのもメディア、そのプロモーションの一端を担うのもメディアである。目に見えるものでないだけに評価をするのが難しいが、受け入れ側である日本のスポーツメディア全体が成長すれば、それは東京オリンピック成功の一つの要因となることは、間違いないと言える。

窓口を減らして、リーダーシップを発揮

2040年に向けた提言の三つ目である。日本のスポーツについて、何か問題点が見えたり、それをアメリカではどういうシステムで行っているかという類の情報をシェアしようとしたとき、いつも目に見えない壁にぶち当たる。

「どこの誰に話せば良いのか？」という壁だ。対岸の大火事をただ見ていられるような性分ではないので、なんとかしなければ、誰かに伝えよう、となる。そうしたとき、スポーツに関して言えば、以下のような窓口リストが出てくる。

・JOC
・JSC
・スポーツ庁
・文部科学省
・日本体育協会

それぞれにコネがないわけではないので、これだという窓口に飛び込むわけだが、そう

いうときに限って、「それは、ここじゃないんだよ〜」と、結果的に、要らぬワンステップを踏んでしまうことになる。

対岸の大火事を見つけて、通報、または消火活動の手伝いをしたいのに、半径１００メートル以内に同じ看板が４つ見えてしまうコンビニチェーンのお粗末な出店計画のように、「日本のスポーツ」という狭い区域のなかに、消防署が多すぎるのである。

それぞれが最新鋭の技術を搭載した消防車や消火設備を備えているのに、その火事がどこの管轄か、瞬時に判断できない。そして、通報を受けた隊員も、ボスの、そのまたボスに確認しないと行動ができないのである。それればかりか、数軒隣に位置する消防署同士の横のつながりはほとんどなく、大きな火事の原因となる小さなボヤが、たらい回しになってしまうのである。

一極集中とは言わないが、もう少し窓口を減らしてほしい。そして、良い意味で、彼・彼女の一声ですべてが動くような、強大な牽引力を持ったリーダーに現れてほしい。

リサーチ

提案の4つ目は、リサーチである。一つのオリンピックで、121個のメダルを獲得するアメリカのスポーツ界で、今、何が起こっているのか？　どうして、そういう結果が出せるのか？　徹底的なリサーチから、日本の取るべき戦略が見えてくるはずである。リサーチするべき領域は、4つあると考えている。

①プロスポーツ

ここ数年成長を見せている、MLS（サッカー）を含めた、五大スポーツリーグ（MLB、NFL、NHL、NBA、MLS）を徹底的にリサーチ。選手、コーチ、トレーナー、エージェントなど、主に人を中心としたリサーチが急務。

②カレッジスポーツ

カリフォルニア州の四大スクールがリオで獲得したメダル数は51個。その秘密を探る。①と同じようなリサーチに加え、NCAAのルールなど、文武両道がもたらす効果や、大学スポーツの在り方などのリサーチ。

③リーグ、球団、組織という観点からのスポーツビジネス
①と②に関して、収益構造、マーケティングなどのビジネスサイドをリサーチ。
④学問としての「スポーツビジネス」
私事で恐縮であるが、私は現在、サンフランシスコ大学の“Sport Management Master Program”の学生でもある。ここで学んでいることは本当に貴重であり、日本のそれとは比べ物にならない。卒業生の多くは、全米各地のスポーツビジネス界で活躍している。スポーツビジネス、スポーツマネジメントなどの、大学・大学院で、何が学ばれていて、それがどう生かされているかを、学ぶべきである。

個人尊重へのシフト

提案の最後は、「個人の尊重」である。
電通の超過勤務問題に始まり、ヤマト運輸の超過勤務手当の支払い、男性社員の産休取得など、グローバル化が進んだ現代社会、特にビジネスの世界では、社会の制度がどんど

んと先進国水準に近づいている。

言葉を変えて言うなら、個人の権利や時間を尊重する方向にシフトしているという表現が正しいだろう。世界のマーケットで勝負するために、グローバル人材の採用や、それに伴う人事制度の変革を迫られるわけであるから、当然と言えば当然である。

しかし、スポーツはどうだろう？ 日本人メジャーリーガーや世界で活躍するサッカー選手の登場、オリンピック開催と、グローバル化はすぐそこに、いや、もうとっくに始まっている。世界と闘うために、個人尊重へのシフトは、とっくに終わっていなければならない。なのに、いつまで経っても、「チームのために」「みんなのために」「監督への恩返し」といったフレーズが出てくる。口にしていなくても、外からはそう見える。

「スポーツ・ガラパゴス化」である。


チームスポーツであれば、チームのために尽くすのはあたり前である。私が言っているのは、程度の問題である。選手としての、または人間としての、個人としての将来を犠牲にしてまでチームに尽くすことは、求められていないし、求めてもいけない。これは、世界中のどこでもだ。

若い選手が、若いがゆえに、一緒に頑張ってきた仲間を思うがゆえに、無理を承知で「俺に／私に、やらせてくれ！」と言い出すのは、水戸黄門の放送終了5分前に何が起こるかのように明らかである。それを止めるのが指導者であり、制度であり、ルールであるはずだ。これをなんとかしないことには、日本のスポーツに明るい未来はこないと断言できる。

おわりに

子供の頃、外資系のエレベーター・メーカーに勤めていた親戚のおじさんが、こんな話をしていたことを思い出す。

「うちの会社は、アメリカに本社があって、日本にまだチョンマゲを結ったサムライがいる頃から、エレベーターをつくって、売り始めたんだぞ〜」

子供ながら、サムライがいる頃に、日本に4階、5階建て以上のビルがなかったであろうこと、お城にはエレベーターが付いていなかったであろうことは想像できたので、「アメリカって、すごいなぁー」と思っていた。

少し調べてみたところ、この会社の設立は、1853年。1853年に、日本で何が起きていただろうか？　「黒船来航」である。1639年の南蛮船来航禁止から200年以上も続いた鎖国がこれを機に解消されるわけだが、そんな時代にアメリカではエレベーターが、または、エレベーターが必要な高さの建物が存在したことになる。

アメリカでスポーツに関わる仕事を始めて10年強。日本のスポーツ界のことを憂慮するたび、または、憂慮させられるエピソードに出会うたびに、子供の頃のこの話を思い出す。まさに、日本のスポーツ界とアメリカのそれには、これぐらいの差がある。そういう状況なのではないかと。実感値として、これは、決して大げさではないと思う。

たとえるべき事例でないのは百も承知である。アメリカをオリンピックメダル獲得のベンチマークとしたとき、日本のスポーツというサムライは、最新鋭の兵器装備と洗練された教育を受けてきた、アメリカのスポーツという優秀な兵士に、「機関銃vs刀」の、まさに気合だけの戦争に挑もうとしている。客観的に見れば、結果は、火を見るよりも明らかである。しかし、私には、それを客観視できない理由がいくつかある。

・私は日本人である
・アメリカに住めば住むほど、日本が好きになっている
・刀を持ったサムライたちの一人ひとりは、ものすごく優秀である
・サムライたちは、最新兵器や、戦術を知らないだけである

この本を執筆している大きな理由の一つが、ここにある。知らない、気づいていないだけで、そこには大きなチャンスがあるのだ。良くも悪くも諦めが早い私は、その差が大きすぎる、そこにチャンスがないものを追いかけたりはしない。日本とアメリカのスポーツの差は、メダル数が示しているよりも、ずっと近くなる、または追い越すポテンシャルを含んでいると私は思う。しかし、そこには、「知る・感じる・改善する」などの、簡単に見えて一筋縄ではいかない課題が多く存在することを、忘れてはならない。

本書で何度も繰り返してきたことだが、私は日本という国が大好きだ。自分のやりたい仕事が、ここアメリカにあるだけで、これが日本でできるなら、明日にでも荷物をまとめて帰国の途につきたい。愛すべき国の国民や文化、その慣習を否定するつもりは、1ミリもない。それがあるから、好きなのだ。しかし、スポーツに関して言うと、その愛すべき文化や慣習が、著しく負の方向に働いてしまう。しかし、これは誰が悪いわけでもない。社会のシステムが、歴史や文化を背景にそのようにできあがってしまっただけである。こちらも繰り返しになるが、「システム憎んで、人を憎まず」である。

世界に初めてエレベーターを製作・販売する会社ができた1853年は、日本の「幕末」

と呼ばれる時代の最初の年とされる。終わりについては諸説あるようだが、おおむね明治維新までとされるようだ。その明治維新が成された数年後の1872年、福沢諭吉は『学問のすゝめ』のなかで、明治維新直後、封建社会と儒教思想しか知らなかった国民に向け、欧米の近代的政治思想や民主主義、市民国家などの概念を紹介し、無知な民衆から近代民主主義国家の自覚ある市民に意識改革することを説いたそうである。

幕末、明治維新、それほど重要な歴史の一幕になるかどうかは別として、我々は、数年後に「東京オリンピック」という世界的イベントを控えている。福沢諭吉が説いたように、大きな歴史的イベントを機に、または、それらの開催が近づいてきたことを機に意識の改革が進み、日本のスポーツが正しい方向に、そして、メダル数で欧米列強と争えるような国に育つことを望んで止まない。

スポーツ界の福沢諭吉になろうとは、これっぽっちも思っていない。しかし、本書が『近代スポーツのすゝめ』、つまり、結果として、スポーツ界の『学問のすゝめ』となり、歴史に残る本になることは、少しだけ望んでいる。

2018年2月　河田剛

ディスカヴァー携書
201

不合理だらけの日本スポーツ界

発行日　2018年4月15日　第1刷

Author　河田　剛

Book Designer　國枝達也

Publication　株式会社ディスカヴァー・トゥエンティワン
〒102-0093　東京都千代田区平河町2-16-1 平河町森タワー11F
TEL　03-3237-8321（代表）
FAX　03-3237-8323
http://www.d21.co.jp

Publisher　干場弓子
Editor　堀部直人

Marketing Group
Staff　小田孝文　井筒浩　千葉潤子　飯田智樹　佐藤昌幸　谷口奈緒美
古矢薫　蛯原昇　安永智洋　鍋田匠伴　榊原僚　佐竹祐哉　廣内悠理
梅本翔太　田中姫菜　橋本莉奈　川島理　庄司知世　谷中卓
小木曽礼丈　越野志絵良　佐々木玲奈　高橋雛乃

Productive Group
Staff　藤田浩芳　千葉正幸　原典宏　林秀樹　三谷祐一　大山聡子
大竹朝子　林拓馬　塔下太朗　松石悠　木下智尋　渡辺基志

E-Business Group
Staff　松原史与志　中澤泰宏　西川なつか　伊東佑真　牧野類　倉田華

Global & Public Relations Group
Staff　郭迪　田中亜紀　杉田彰子　奥田千晶　李瑋玲　連苑如

Operations & Accounting Group
Staff　山中麻吏　小関勝則　小田木もも　池田望　福永友紀

Assistant Staff　俵敬子　町田加奈子　丸山香織　小林里美　井澤徳子　藤井多穂子
藤井かおり　葛目美枝子　伊藤香　常徳すみ　鈴木洋子　内山典子
石橋佐知子　伊藤由美　小川弘代　畑野衣見　森祐斗

Proofreader　文字工房燦光
DTP　アーティザンカンパニー株式会社
Printing　共同印刷株式会社

ISBN978-4-7993-2251-2

携書ロゴ：長坂勇司
携書フォーマット：石間　淳